道元を生きる

HIRO SACHIYA

ひろさちや

佼成出版社

まえがき

道元は、日本曹洞宗の開祖です。そんなことぐらい、誰だって知っていますよね。

ですが、わたしはそうは思いません。どうも天邪鬼《あまのじゃく》のわたしは、そのような教科書的な断言に異を唱えたくなるのです。

だって道元は、自分が曹洞宗の人間だとは思っていないのです。いや、禅宗に属する人間だとも思っていません。

彼は〝禅宗〟といった呼称を嫌っています。〝禅宗〟なんて言葉を使う奴は、悪魔の一族なんだ、と言っています。

道元は、自分が提唱する仏教は、

――全一《ぜんいつ》の仏教――

だと自負しています。俺が言っているのが本物の仏教・真の仏教であって、これ以外に仏教はないと豪語しています。だから道元を「曹洞宗の開祖」だなんて言えば、彼は激怒するに違いありません。そんなちっぽけな宗派根性なんて俺にはないと言うでしょう。

わたしは、道元は宗派意識を超越した、日本の大思想家であったと信じています。いや、日本という狭い枠に拘束されない、世界的な思想家・哲学者であったと思うのです。

＊

ところで、思想家・哲学者というのは、どういう人なんでしょうか？

これは、あまりむずかしく考えないでください。

じつをいえば、わたしは大学で哲学を専攻しました。しかし、大学においては、哲学はあまりにも堅苦しく扱われています。そこで講義されているのは、「哲学」ではなしに「哲学学」だと言いたくなります。あんなものは真の哲学ではなしに、「哲学に関する学問」だと言ったほうがよさそうです。

真の哲学は、たとえば古代ギリシアのソクラテスのように、街頭において青年たちを相手に気さくに語り合う、そういうくつろいだ談話だったのです。それはインドにおいて釈尊が、若者たちと気軽にお喋《しゃべ》りをしている、そこに哲学があったと思うのです。

では、そこで何が語られたのでしょうか……？

それは、「人はどう生きるべきか？」といった、人間の真の生き方に関してであったと思います。つまり、哲学というのは、人間の、人間らしい生き方を探求する学問なんです。わたしはそのように考えています。

もっとも、道元は十三世紀に生きた哲学者です。道元の時代の日本語は、情緒的なことは語れますが、現代のわれわれが使っている日本語のように思想的・哲学的・論理的なことを語るにはふさわしくない言葉でした。道元はそのような日本語でもって、自己の思想・哲学――要するに彼が考えた人間としての生き方――を語らねばならなかったのです。したがって、道元の文章はいささか難解です。寝転がって推理小説を読むようなわけにはいかないでしょう。でも、道元が思想家・哲学者だと分かっていれば――ということは道元がわたしたちに人間としての生き方を教えてくれているのだということさえ分かっていれば、ということになります――わたしたちはもっと気安く道元に親しむことができるはずです。わたしは、そういう角度から本書を執筆しました。読者は、もっと気楽に道元に親しんでください。道元が禅僧だと思えば、道元はわたしたちに縁遠い人間になります。道元に「人間らしい生き方」を教わるつもりになれば、道元はもっともっと親しみやすい思想家になるでしょう。

*

では、道元は、わたしたちにどのように生きればよいと教えてくれたのでしょうか？　その詳しいことは本書を読んでいただければ分かることですが、宣伝の意味をこめて、ここでは「まえがき」的に言っておきましょう。

道元は、迷いと悟りを二分法でもって区分することを嫌います。つまり、迷いがなくなるのが悟りだなんて考えてはいけないのです。道元が言いたかったことは、

——迷いの中に悟りがあり、悟りの中に迷いがある——

ということです。したがって、あなたがいま迷っているとします。その迷いをなくして悟りの境地に達したいと考えてはいけないのです。たいていの禅僧はそう考えるでしょうが、道元はそうではありません。道元は、迷いはそのままにしておいて、あなたはほんのちょっとでいいから悟りの方向に歩めばいいと考えました。

この道元の考え方は、いますぐ、わたしたちの生き方の参考になります。あなたがどんな状態にあろうと、ほんのちょっと「人間らしい生き方」に向かって歩めばいいのです。立派な人間になる必要はありません。あなたはそのままでいいのです。そのままで、ほんの少し「人間らしい生き方」に向かえばいい。それが道元の教えです。

わたしはそう考えます。それが「道元を生きる」ことだと思うのです。

合掌

二〇二一年八月

ひろさちや

道元を生きる

目次

カバー画像　永平寺所蔵・提供
装丁　本田　進

道元を生きる

第1章

道元という人

道元は禅僧であり哲学者であった

▼ひろさんは、だいぶ道元禅師（一二〇〇―五三）が好きなようですね。道元に関する著作も数多くありますし、講演のときなども、熱を入れて道元について語られています。

道元のどこが好きなのですか？

さあ、困りました。いきなり好き／嫌いを問われても、答えるのに往生します。

普通、好き／嫌いは人格・人柄に関して言われるものです。その点で、わたしのいちばん好きな仏教者は浄土宗の開祖の法然（一一三三―一二一二）です。高校時代に読んだ、兼好法師の『徒然草《つれづれぐさ》』の中に、

《或人《あるひと》、法然上人に、「念仏の時、睡《ねぶり》にをかされて、行《ぎょう》を怠《おこた》り侍《はんべ》る事、いかゞして、この障《さわ》りを止《や》め侍らん」と申しければ、「目の醒《さ》めたらんほど、念仏し給へ」と答へられたりける、いと尊かりけり》

［ある人が法然上人に、「お念仏を称《とな》えているとき、眠気におそわれてお念仏を怠ることがあ

りますが、どうしたらこれをやめることができるでしょうか?」と尋ねたところ、「目が醒《さ》めたら、また念仏なされればいい」とお答えになった。なかなかいい言葉である」

とあるのを知って、ぞっこん法然が好きになりました。たいていの人は、

「念仏中に睡魔に襲われるなんてけしからん！　もっと気を引き締めて念仏しろ！」

と言いますね。ところが法然は、

「目が醒めたら、また念仏すればいい」

と言っています。そのおおらかな態度に、わたしは惹き付けられたのです。まあ、法然については、別の機会に語りましょう。

わたしが道元を好きなのは、彼の著作である『正法眼蔵《しょうぼうげんぞう》』に魅せられたからです。『正法眼蔵』において道元は、釈迦の教え——すなわち仏教——の心髄を明瞭に説いています。わたしは、哲学者としての道元に惚れ込んだのです。

▼あのう、道元といえば日本の曹洞宗の開祖ですよね。だから道元は禅僧であり仏教者です。それに『正法眼蔵』は難解きわまる仏教書です。その道元を哲学者と言われるのは、どういう理由からですか?

もちろん道元は禅僧です。もっとも、道元自身は〝禅宗〟という呼称を嫌っています。そのことについては、あとで述べます。しかし、現代人の常識としては、道元を禅僧と呼んでまちがいありません。

しかしながら、道元は禅僧（あるいは仏教者）であると同時に、偉大なる哲学者です。わたしはそう信じています。道元の生きた十三世紀の日本語は、感情的・情緒的なことは表現できても、論理的な事柄の表現には不向きでした。したがって、その日本語でもって哲学書を書くには、なかなか骨が折れます。にもかかわらず道元は、その十三世紀の日本語を駆使して、『正法眼蔵』という世界でも最高峰に属する哲学書を書き上げたのです。わたしは道元をそのように評価しています。

とすると、きっと質問があるに違いありません。「では、禅僧と哲学者の違いは何なのですか？」と。最初の最初からややこしい議論になりそうですが、

——禅と哲学——

の違いについて論じておきましょう。そのほうが道元を理解しやすいと思いますので……。

禅とは何か？

中国、宋の時代――ちょうど道元が宋から日本に帰って来たころです――につくられた禅の公案集に『無門関《むもんかん》』があります。そこに次のような記述があります。

《世尊、昔、霊山会上《りょうぜんえじょう》に在って、花を拈《ねん》じて衆《しゅ》に示す。是の時、衆皆な黙然《もくねん》たり。惟《た》だ迦葉《かしょう》尊者のみ破顔微笑《みしょう》す。世尊云《い》わく、「吾《われ》に正法眼蔵、涅槃妙心《ねはんみょうしん》、実相無相《じっそうむそう》、微妙《みみょう》の法門有り。不立《ふりゅう》文字《もんじ》、教外別伝《きょうげべつでん》、摩訶迦葉《まかかしょう》に付嘱《ふしょく》す」と》

現代語訳をつけても分かりにくいと思いますので、わたしの言葉で解説します。

昔のことですが、釈迦世尊が霊鷲山《りょうじゅせん》（古代マガダ国の首都＝王舎城《おうしゃじょう》の近郊にある山）において説法されました。そのときの説法はちょっと変わっていて、ただ一輪の花を手にして示されるだけでした。それ故、人々は何も分からず、ぽかんとしていました。しかし、摩訶《まか》迦葉《しょう》（マハーカーシャパ）のみが、にっこりと笑ったのです。つまり彼は、釈迦が何を言いたいのかを理解できたわけです。

そこで釈迦が言われました。

「わたしには、これまで説いたことのない、教えを正しく理解できる智慧、究極・理想の境地と有／無を超越したすばらしい最高の教えがある。摩訶迦葉よ、それをそなたに託《たく》するから、言葉によらず、これまでの教えとは別個に伝えてほしい」

だいたいそのような意味です。

でも、これだけの説明では、まだまだ分かりにくいですね。

じつは、釈迦が言われたのは、

「わたしはこれまで言葉によって教えを説いてきたが、しかしわたしには言語化できない教えがある」

ということなんです。その言語化できない教えを、「わたしには言語化できない教えがあるよ」と言語でもって表現すれば、それはもう言語化されてしまったもので、言っていることが矛盾・撞着《どうちゃく》してしまいます。そこでそのことを伝えるために、釈迦はいろいろと試行錯誤をしていただろうと思います。言葉にできないものをどう伝えるか、ともかくもむずかしい問題です。

それであるとき、釈迦は一輪の花を人々に見せました。それだけで言葉は発しません。人々はあっけにとられています。釈迦が何をしておられるのか、その意味がまったく分からないのです。

ただ一人、摩訶迦葉だけがぴんときました。

〈世尊には、言語化ができない教えがあるのだ！〉

それで彼は、

〈お釈迦様、分かりましたよ〉

とのサインを送ったのです。それが摩訶迦葉の微笑です。

「そうか！　摩訶迦葉は分かってくれたのだね。それじゃあ、この教えをおまえに託すから、これまでの教えとは別個に、おまえから後世に伝えておくれ」

と、釈迦世尊が言われたのです。

もちろん、これは史実ではありません。ずっと後世になって、禅の系統の人々が創作した話です。

だが、このような話でもって、いったい禅とは何か、といったことがよく理解できます。禅というのは、

——言語化されない教え——

です。このことは道元も言っていますが（それについてはあとで詳しく述べます）、釈迦が悟りを開かれたとき、目の前に大宇宙の真理がばあーっと一気に展開されたのです。あるいは、

大宇宙の真理という大海の中に投げ込まれたといってもいいでしょう。とてもとても、それを言葉にすることはできません。釈迦はそれを舌舐《したな》めずりしながら、じっくりと味わっていたのです。

そのあと、釈迦はそれをほんの少し言語化して人々に伝えました。その言語化されたものが小乗仏教です。そして言語化されたものは、釈迦が悟った大宇宙の真理の何億分の一、何兆分の一にすぎません。

大乗仏教である禅では、そのように考えます。つまり、釈迦の悟った大宇宙の真理は、言語化されないものであり、それをわたしたちは、

――不立文字・以心伝心・教外別伝――

で伝えていくのです。小乗仏教の言語化された教えとは別に、文字を立てずに（言語化しないで）、心から心へと伝える。それが禅というものです。

そういう意味において、道元は禅僧なんですよ。

哲学とは何か?

では、哲学とは何でしょうか？　哲学は、

——無前提の学問——

と呼ばれています。何の前提・仮説・常識も置かずに、ただ人間の理性だけでもって大宇宙の真理を構築するのが哲学です。

ですから、哲学においては、言葉・言語が大事ですよ。人間は「言葉を持つ動物」だとされています。人間の理性でもって大宇宙の真理を探究する営みは、それを言語化する営みにほかなりません。

なんだか堅苦しい言い方になってしまいましたが、要するに、

禅僧は……言葉によらずに以心伝心的に真理を伝えようとする、

哲学者は……言葉でもって大宇宙の真理を構築する、

ということです。そして道元は、禅僧であると同時に哲学者でありました。ね、まったく矛盾していますよね。そこのところに道元の本質があります。にもかかわらず、ここのところをたいていの仏教学者は見逃しているわけです。だから道元が理解できないわけです。

▼道元が禅僧であることは、言われなくても分かります。しかし、道元が哲学者であったことは、もうひとつよく分かりません。何か例でもって教えてください。

申し訳ありません。最初の最初からしち面倒なことを言い出しました。もっとすんなりと道元に入ればよかったのですが……。

しかし、道元が哲学者であったことを考慮に入れておかないと、道元の主著である『正法眼蔵』が読めなくなります。多くの人は——とくに曹洞宗関係の禅僧たちは、『正法眼蔵』は「難解だ、難解だ」とわめいていますが、それは彼らが『正法眼蔵』を禅の書物として扱っているからです。禅の書物として読めば、たしかに『正法眼蔵』は難解です。それで禅の学者たちは、「もっとあなたの禅体験を深めよ」と言います。禅体験が深まれば、『正法眼蔵』において道元が言いたかったことが分かるはずだと言うのですが、それは嘘です。だって道元は禅体験なしに——無前提的に——悟りの世界を言語化したかったのですから、その意味では坐禅の体験は必要ありません。

何か事例を出せと言われましたが、じつはわたしは本書において、道元の哲学者の側面を重視したいと思っていますから、以下に述べることのほとんどがその事例になります。しかし、そう言ってしまっては読者をはぐらかしたことになりかねませんので、ひとつの例だけをここに紹介することにします。

『正法眼蔵』の「山水経《さんすいきょう》」の巻において、道元は次のように論じています。

古《こ》仏《ぶつ》云《いわく》、「山《さん》是《ぜ》山《さん》、水《すい》是《ぜ》水《すい》」。

この道取《どうしゅ》は、やまこれやまといふにあらず、山これやまといふなり。しかあれば、やまを参究すべし、山を参窮《さんきゅう》すれば山に功夫《くふう》なり。

たぶん読者は、この、
《やまこれやまといふにあらず、山これやまといふなり》
に驚かれたはずです。多くの仏教学者がこれに面食らっています。

じつはこの立言は、現代哲学の意味論（セマンティックス）にもとづいています。意味論においては、対象言語とメタ言語を区別します。対象言語というのは、事物を指す言葉です。それに対してメタ言語というのは、言葉を指す言葉です。ここでは、メタ言語に対しては〝 〟をつけることにします。

そうすると、「ポチは犬である」といった場合の犬は、動物を指し示す対象語です。ところが「〝犬〟は漢字である」といった場合の〝犬〟は動物ではありません。〝犬〟といった言葉なんです。それを区別しておかないと、「ポチは犬である」「犬は漢字である」「故にポチは漢字である」といった、まちがった三段論法になってしまいます。

道元は、このような意味論を先取りして、すでに十三世紀において、山（対象語）とやま

（メタ言語）とを区別しているのです。彼は天才的な哲学者ですね。わたしは道元に敬服しています。

そこで、いま引用した「山水経」の一節を、思いきったわたしの解説を加えながら現代語訳しておきます。

［古仏（過去の仏）が言った。「山はこれ山、水はこれ水」と。

これは、〝やま〟という言葉が、たんに〝やま〟といった言葉を指示するわけではなく、山といった存在そのものを〝やま〟と呼ぶのである。つまり、山という対象と〝やま〟というメタ言語とを区別すべきなんです。そうであればわれわれは、〝やま〟といった言葉がいかなる存在・対象を指しているかを究めねばならない。山といった真実の存在を究明すれば、われわれはその山でもって修行することができるのだ］

道元のうちに流れる政治家の「血」

人間には、いろいろな側面があります。わたしは本書において、道元の哲学者としての側面を強調したいのですが、それはわたしの考え方によるもので、一般的な意味においては道元は禅僧であり、仏教者です。わたしはそのことを否定しているのではありません。

いや、出自的には道元は政治家でした。ちょっとそのことに触れておきます。

道元は、正治二年（一二〇〇）一月二日、京都において貴族の名門に生まれました。父は内大臣久我通親《こがみちちか》（一一四九―一二〇二）、母は関白太政大臣藤原基房《もとふさ》の娘の伊子《いし》とされています。父が五十二歳、母が三十二歳のときの子です。父と母とはずいぶんと年が離れています。もっとも、近年においては、道元の父は久我通具《みちとも》（一一七一―一二二七）ではなかったかという説が出されています。通具は通親の二男です。そうすると、母は不明ということになります。しかし、わたしはこれまでずっと道元の父は久我通親ということで道元像を考えてきたので、本書においてはあくまで道元の父は久我通親ということにしておきます。

さて、道元は政治家の家系に生まれたのですが、道元自身は政界を嫌いました。なぜ彼が政界を嫌ったか？　たぶん母親の伊子に関係があると思います。伊子の父の藤原基房は、美貌の娘を利用して、当時の権力者であった木曾義仲《きそよしなか》（一一五四―八四）と政略的に結婚させます。彼は一時、平氏を都落ちさせて入京した将軍です。そして義仲が敗死すれば、今度は辣腕政治家の久我通親に娘を与えます。それが政治家のやることです。政治というものは、人間をとことん利用します。娘が不幸になってもかまわない。一家の繁栄のためには、誰かが犠牲になるべきだ。それが政治の論理です。道元が「政治」を忌避した気持ち、わたしにはよく分かります。

そして、そのような父も道元の三歳のとき、母は八歳のときに亡くなっています。その無常感の中で、建暦二年（一二一二）春、十三歳の道元は家を抜け出て、亡くなった母の弟である天台僧の良観法印を訪ねて、出家の志を明かしました。じつはこの年は、法然が逝去した年です。良観は甥の出家を思いとどまらせようとしましたが、その意思の堅いのを知って、今度は久我家の人々を説得しました。その結果、翌年、道元は良観の紹介によって比叡山の天台座主公円について剃髪染衣《ていはつぜんえ》しました。

かくて道元は、政治の世界から宗教の世界に転身したのです。

しかし道元は、自分のからだに流れる政治家としての「血」を、きっぱりと拭《ぬぐ》い去ってはいません。ずっとのちになってのことですが、道元はこう述懐しています。

学道の人、教家の書籍《しよじやく》をよみ外典《げてん》等を学《がく》すべからず。見るべくんば語録等を見るべし。其の余《よ》はしばらく是を置《おく》べし。近代の学僧、頌《じゆ》を作くり法語を書かんがために文筆等をこのむ、是《こ》れ便《すなわ》ち非《ひ》なり。（『正法眼蔵随聞記』二・八（面山本、以下同じ））

仏教を学ぶ人間は外典（仏教以外の書）を読むな！と言っているのです。にもかかわらず道元自身は、そのあと続けて、

我れ本《も》と幼少の時より好《こ》のみ学せしことなれば、今もやゝもすれば外典等の美言《びげん》案ぜられ、文選《もんぜん》（中国の詩文集）等も見らるゝを、詮《せん》なき事と存ずれば、一向にすつべき由を思ふなり。（同前）

と言っています。幼時に受けた教育がずっとのちまで影響を及ぼしているのです。

この道元のうちに流れる政治家の「血」については、次章でもう一度検討することにします。

第2章

比叡山から建仁寺へ、そして入宋

道元が起こした疑問

道元は建保元年（一二一三）、十四歳のとき、天台座主の公円について剃髪染衣《ていはつぜんえ》しました。しかしながら、この出家をもって道元は世を捨てたと思わないでください。出家者となってもその世界において立身出世の可能性はあるのです。道元その人は別にして、久我家の人々は、道元がいずれ比叡山で大物になることを期待して、道元を比叡山に送り込んだのだと思います。

ところが道元は、比叡山に入った直後、一つの疑問に逢着しました。道元の伝記である『三《さん》祖《そ》行業記《ぎょうごうき》』や『建撕記《けんぜいき》』等によると、それは、

顕密の二教ともに談ず。「本来本法性《ほんらいほんぽつしょう》、天然自性身《てんねんじしょうしん》」と。もしかくのごとくならば、則ち三世の諸仏、甚《なん》に依ってか更に発心して菩提《ぼだい》を求むるや。

［顕教も密教も、ともに「本来人間には仏性《ぶつしょう》があり、生まれたそのまんまが仏性である」と教えている。もしもそうであるなら、過去・現在・未来の諸仏はどうして発心して菩提（悟り）を求める必要があったのか］

といった疑問でした。

これは、簡単にいえば、

——人間にはみんな仏性があるのに、なぜ修行しないといけないのですか？——

ということです。〝仏性〟というのは、「仏の性質」あるいは「仏になる可能性」です。すべての人間が仏性（仏の性質）を有しています。天台教学ではそう教えています。じゃあ、われわれは修行なんてする必要がないではないか?! 道元はそういう疑問を持ったのです。

これは、普通の仏教僧は起こさない疑問です。なぜなら、普通の仏教僧であれば、彼らは修行するために比叡山や高野山、その他の修行道場に入ったのです。だから道元は、この疑問を多くの師匠・先輩たちに訊《き》いて回りますが、誰もまともに答えてくれません。彼らにすれば、

〈修行したくないのであれば、さっさと山を下りろ！〉

と思ったのでしょう。まともに答えるべき疑問とは思わなかったはずです。

これは、いわばプロ野球の世界に入った新人が、監督やコーチに、

「なぜわれわれは練習しないといけないのですか？」

と質問するようなものです。監督やコーチが、それに親切に答えてくれると思いますか?!

たぶん彼は、「バカヤロウ！」と怒鳴られるだけです。プロ野球選手にとって、練習するのは

当然のことです。

それと同じで、僧であるかぎり修行するのが当然です。「なぜ修行をしないといけないのか？」といった疑問は、僧の世界では考えられないものであり、発してはならない質問です。大学生だって同じです。大学というのは勉強する場所です。それなのに大学に入った新入生が、大学の教授たちに、

「なぜ、大学生は勉強しないといけないのですか？」

と訊いてごらんなさい。教授はきっと彼を馬鹿にするでしょう。まともに答えてくれるはずがありません。道元の疑問は、そのようなものでした。

政治は目的論的思考をする

では、なぜ道元は、そのような愚問ともいうべき疑問を抱いたのでしょうか？

それは、彼のからだに流れる政治家的思考によるものだとわたしは思います。

政治というものは、目的論的思考をします。すなわち、ある目的を遂げる・達成するためには、いかなる手段が必要かを考えるのです。そしてその手段を吟味し、その採用を考えるのです。わたしはそれを目的論的思考と名づけています。

▼たとえば、経済発展のためには原子力発電が必要だということで、その危険性には目をつぶって原子力発電を推進する。そのような現代日本の政治が、その目的論的思考なんですよね。

そうです、その通りです。それで、政治家の家に生まれた道元は、比叡山に入っても目的論的思考をします。

すなわち、仏教においては、悟りを開いて仏になることが目的です。しかし、わたしたちはみんな仏になっているのです。すべての人間に仏性があるということは、そういうことですよね。だとすれば、手段としての修行なんて必要はない――。道元はそう考えたのです。それで、おかしな疑問を抱いたのです。

もちろん、このような考え方はまちがいです。道元は、ずっとあとになって自己の誤りに気づきます。そして、『正法眼蔵』の「仏性」の巻において、彼は次のように言っています。

ある一類おもはく、仏性は草木《そうもく》の種子《しゅうじ》のごとし。法雨のうるひしきりにうるほすとき、芽茎生長《げきょうしょうちょう》し、枝葉花果《しようけか》もすことあり。果実さらに種子をはらめり。かくのごとく見解《けんげ》する、凡夫《ぼんぷ》の情量なり。たとひかくのごとく見解すとも、種子および花果、ともに条々《じょうじょう》の赤《せき》心《しん》なりと参究すべし。

［一部の人々は思っているようだ、仏性は草木の種子のようなものである、と。仏法の雨によって潤《うるお》されるならば、その種子から芽が出て茎が伸び、枝葉が茂り花が咲き果実が実る。その果実からさらに種子が出来る。こう考えるのが凡夫の浅知恵である。たとえこのような見解を持ったとしても、種子と花と果実のそれぞれがそのまま真実の心（すなわち仏性）と考え究めるべきである］

仏性という種子があって、そこから花が咲く――。そう考えてはいけないのです。よしんばそう考えたとしても、じつは種子も花もいずれも同価値なんです。いずれもそのままですばらしいのです。未来に咲かせる花のために仏性といった種子があるといった目的論的思考を、道元は凡夫の浅知恵と呼んでいます。道元は、若き日の自己の誤りに気づいたわけです。

比叡山を下りた道元

しかし、われわれは道元が愚問を発したからといって、道元を馬鹿にしてはいけません。世界の偉大な哲学は、しばしば愚問の基盤の上に構築されています。いや、道元は哲学者であったからこそ、そのような愚問を発することができたのでしょう。道元が並の仏教者であれば、かかる愚問を発することはできなかった、と、わたしは思います。

道元は比叡山で、さまざまな人にその疑問をぶつけます。しかし、誰もそれに答えてくれません。そりゃあ、そうですよね。そんな愚問に、誰だって、

〈付き合っておれんワ〉

です。答えてくれないというよりも、まともに相手にしてくれないのです。

それで道元は翌年、比叡山を下りました。十四歳で出家した道元が、十五歳で山を去る。あまりにも早い見限りようです。

比叡山は天台宗の修行道場です。その修行道場にやって来て、若造が、

「なぜ修行する必要があるのですか?!」

と言い残して去って行く。後年、道元は天台宗から圧迫を受けますが、それもまた当然とい

えば当然でしょう。

山を下りた道元は、近江の三井寺《みいでら》（園城寺《おんじようじ》）に公胤《こういん》座主（一一四四―一二一六）を訪ねて行きました。だが、公胤もまた道元の疑問に答えてくれません。ただ、当時中国（宋）で盛んであった禅宗の存在を教え、また二度にわたって中国で禅を学んで帰朝した禅僧の栄西《えいさい》（〝ようさい〟ともいいます。一一四一―一二一五）に師事することをすすめました。その推挙によって、道元は栄西を訪ねて行きます。

じつは、この道元の栄西への師事は、彼の著書である『宝慶記《ほうきようき》』の冒頭にある、

道元、幼年にして菩提心《ぼだいしん》を発《おこ》し、本国に在りて道を諸師に訪《とぶら》い、聊《いささ》か因果の所由《しよゆう》を識《し》れり。然《しか》もかくのごとくなりといえども、未だ仏法僧の実帰を明らめず、徒《いたず》らに名相《みようそう》の懐標《えひよう》に滞《とどこお》れり。後に千光禅師の室に入り、初めて臨済の宗風を聞く。今、全《ぜん》法師に随って、炎宋《えんそう》に入る。

［わたくし（道元）は幼少のころから仏道を志し、日本国にあって諸師を訪ねて、いささか因果の道理を知ることができました。だが、よく考えてみますと、いまだ仏法僧の三宝の真意も明らかにできず、いたずらに文字面《づら》に拘泥していました。その後、栄西禅師に入門し、

初めて臨済禅を学び、いま明全《みょうぜん》和尚に随伴して大宋国にやって来ました」

の記事によっています。道元自身が、自分は栄西に師事したと言っているのです。けれども、道元と栄西との出会いについては、これを疑問視する学者も多いのです。なぜなら、道元が比叡山を下りたのは建保二年（一二一四）で、その翌年の七月五日に栄西は入寂しているからです。しかも、晩年の栄西はほとんど鎌倉にいたので、道元が京都で栄西に会う機会はなかったというのです。だとすれば、

《後に千光禅師の室に入りて》

と道元が記しているのは、「栄西が開山となった建仁寺に入りて」と読むべきかもしれません。

実際に道元が師事したのは、栄西の弟子であった明全（一一八四―一二二五）でした。その明全について、道元はこう言っています。

全公（明全）は祖師《そし》西和尚《せいおしょう》の上足《じょうそく》として、ひとり無上の仏法を正伝《しょうでん》せり。あへて余輩《よはい》のならぶべきにあらず。（『弁道話《べんどうわ》』）

建仁寺から宋へ渡る

道元が建仁寺において明全に師事したのは、建保五年（一二一七）、十八歳のときから、道元が明全とともに入宋した貞応二年（一二二三）、二十四歳のときまで、足掛け七年になります。その後、宋から帰国した道元は、足掛け四年を建仁寺に過ごしました。とすると、ほぼ十年くらい建仁寺にいたことになります。五十四年の道元の生涯における十年ですから、これは相当の長期になります。計算してみて、わたし自身がちょっと驚いています。道元といえば北越の地に建立された永平寺――となるのですが、彼が北越に移ったのは最後の十年ぐらいですから、道元にとって建仁寺の比重はわりと大きいのです。

それはともかく、貞応二年（一二二三）二月、道元は師の明全とともに入宋の途につきます。船が明州慶元府寧波《みんしゅうけいげんふニンポー》に着いたのは同年四月上旬。道元二十四のときです。

じつは、道元の入宋は、まちがいなく私費留学でした。天台宗の最澄（七六七―八二二）や真言宗の空海（七七四―八三五）が、遣唐使船で唐に渡ったのとだいぶ事情が違います。私費留学には、莫大なる費用がかかったはずです。その費用は、彼の実家が出してくれました。ひょっとしたら、師の明全の費用も、道元の実家が負担したかもしれません。ただし、これはわたしの勝手な憶測です。

船が寧波の港に着いたのは四月上旬でしたが、道元が天童山景徳寺《てんどうざんけいとくじ》（天童寺）に掛錫《かしやく》したのは七月です。約三か月間、道元は船中にいました。一方、師の明全は、さっさと船を降りて天童山に向かっています。

なぜか？　なぜ道元は三か月も船にとどまっていたのか？　これまでの説では、道元は比丘《びく》戒《かい》を受けていなかったからだとされています。道元は比叡山において出家し、大乗菩薩《ぼさつ》戒を受けています。日本の天台宗では、この菩薩戒を受けた者を正式の僧と認めていますが、中国においてはこれは在家信者の受ける戒で、中国で正式の僧と認められるには比丘戒（二百五十戒）を受ける必要があります。日本においてであれば、奈良の東大寺で受戒しなければなりません。師の明全は出国の前に東大寺で受戒していました。だから彼は正式の僧として天童寺に行くことができたのです。

以前のわたしは、この説を支持していました。しかし、よく考えてみると、中国において僧として認められるには比丘戒を受けていなければならないというのは、当時においては常識でありました。だから、道元も東大寺において受戒していたと主張する学者もいます。最近は、わたしもそう思うようになりました。

では、道元はなぜ三か月間も船にとどまっていたのでしょうか？

わたしは、それは中国語に習熟するためであったと思います。たどたどしい中国語でもって中国僧と接するよりは、しっかりとした会話力を身につけていたほうがよいのです。その会話力を身につけるために、道元は三か月間、船にとどまりました。そして七月になって、ようやく道元は天童山景徳寺に掛錫しました。

船中における老典座との出会い

道元が船中にいた三か月のあいだ、ちょっとおもしろい事件がありました。道元はそれを『典座教訓《てんぞ》』に書いています。〝典座〟というのは、禅寺においての食事係の僧をいいます。道元は中国にあって、多くの典座から教訓を得ましたが、これはその第一号ともいうべきものです。

船が寧波の港に着いたばかりのころです。一人の中国人老僧が、日本産の椎茸《しいたけ》を買いに来ました。ただし、講談社学術文庫の『典座教訓・赴粥飯法《ふしゅくはんぽう》』の訳者である石川力山氏は、そこにある〝倭椹《わじん》〟を、「椎茸」ではなしに「桑の実」と訳しておられます。どちらがいいか分かりませんが、伝統的な説にしたがって椎茸にしておきます。

中国で初めて会った仏教僧ですから、道元はやや興奮気味に応待します。老僧にお茶を差し上げ、いろいろと質問します。

老僧が言いました。

「わたしは蜀《しょく》（四川省）の出身だ。故郷を離れてもう四十年になる。現在、年は六十一。これまであちこちの道場で修行してきたが、先年、阿育王寺《あいくおうじ》に入り、そして去年、阿育王寺の典座職に任命された。

ところで、じつは明日、特別の説法がある。それで、修行僧たちにおいしい物を食べさせようと思って、日本産の椎茸を買いに来たのだ」

「ところで、老僧は何時ごろ阿育王寺を出て来られましたか？」

「お昼の食事のあと、すぐにです」

「阿育王寺は、ここからどれぐらいの道のりですか？」

「三十四、五里です」

中国の一里は約五百メートルですから、十七キロメートルといったところでしょう。

「で、何時ごろお寺に戻られますか？」

「もう椎茸も買ったし、すぐに帰ります」

「今日、思いもかけずあなた様にお目にかかり、いろいろお話しもできました。すばらしいご縁を喜んでいます。そこで今夜は、わたしがあなた様にご供養いたしましょう」

「それはだめです。わたしは明日、雲水たちへの食事をつくらねばなりません」

「阿育王寺には、あなた様のほかに食事係の人がいるでしょう、あなた様が一人いなくても、別段困りはしないでしょう」

「わたしはこのように年をとってから典座職についたが、これこそ老人にもできる仏道修行である。どうしてこの仕事を、他人に譲り渡すことができようか。

また、阿育王寺を出てくるとき、わたしは一晩の外泊許可をもらって来ていません」

「あなた様ほどの老齢で、どうして坐禅修行に励み、公案を参究することをされないのですか?! そんなわずらわしい典座職をつとめて、どんないいことがあるというのですか?!」

道元には、明らかに典座職に対する軽蔑があります。仏道修行というものは、坐禅をして瞑想にふけり、経典や論書を読むことだと思っています。食事をつくったり、掃除をしたりすることは、「雑用」だと思っているのです。もっとも、この段階にあって道元がそう思うのは、無理もありませんが……。

道元のその言葉に対して、老典座は大笑いしながら言いました。

「あははは……。外国から来られた方よ、あなたはまだ弁道（修行）がいかなるものか、文字というものがどういうものか、ちっとも分かっておられないようだ」

道元は赤面しながら、老典座に尋ねました。

「文字とはいったい何ですか？　弁道というのは、どのようなことですか？」

「いま、あなたが質問されたところを、あなたがうっかり見過ごすことがなければ、あなたはまちがいなく文字を知り、弁道をわきまえた人間になれますよ」

そして彼は、

「もしあなたがわたしの言ったことが理解できなかったなら、いつの日か阿育王寺にやって来なさい。そのとき、ゆっくりと文字とは何かについて語り合いましょう」

と言い残して、船を降りて行きました。

老典座との後日談

この老典座との出会いには、後日談があります。道元はそれを『典座教訓』に続けて書いています。今度は講談社学術文庫の石川力山訳で引用紹介します。

同じ年（一二二三）の七月には、私は正式に天童山景徳寺《けいとくじ》に寄宿し修行していた。このとき、かの寧波《ニンポー》の港の船中で出会った老典座がやってきて、私に面会して言った、「夏の修行期間も終わったので、私は典座の職を退いて、故郷の蜀《しょく》に帰ろうと思う。ちょうど一緒に修行している仲間が、あなたがここにいるという話をしているのを聞いた。どうして会いに来ないでいられましょうか」。私は踊りあがって喜び、深く心をうたれて、その典座を接待し、いろいろと話をした折り、話題が先日の船中における「文字」と「弁道」についての問答に及んだ。老典座は言った。「文字を学ぼうとする者は、文字の真実の意味を知ろうとするものだ。坐禅修行の道にいそしむ者は、坐禅修行の真実の意味を知ろうと求めるものだ」。私は典座に尋ねた、「文字というものはいったいどんなものですか」。老典座は言った、「一、二、三、四、五」。さらに私は尋ねた、「弁道《べんどう》とはいったいいかなることでしょうか」。老典座は言った、「あまねくこの世界はなにも隠すことなく、すっかりあらわれている」。そのほかの話もいろいろとしたが、今はこれをいちいち記録はしない。私が多少なりとも文字の意味を知り、弁道修行のなんたるかを明らかにすることができたのは、とりもなおさず、かの老典座の大恩のお陰である。

道元は、文字というものを、それでもって仏教の真理を語ったもの、それ故高度にして難解なものと考えています。そうだとすれば、それは生活から遊離したものになります。そうではない、と老典座は教えました。文字とは、

——一、二、三、四、五——

なんです。ちょうど幼稚園児が、自分の好きなお友だちを「一人、二人、三人、四人、五人」と数える、そのうちに仏法の真理があるのです。

また、「弁道（修行）とは何か？」に、老典座は、

――偏界曾《へんがいかつ》て蔵《かく》さず（あまねくこの世界はなにも隠すことなく、すっかりあらわれている）

――

と答えました。道元は、仏法の真理を知るために厳しい修行をせねばならない、と考えています。しかし、そうではないのです。仏法の真理は目の前に赤裸々にあらわれているのです。毎朝毎朝、太陽が東から昇り、毎夜毎夜、月が西に沈む。春には花が咲き、秋には紅葉し、冬には枯れる。それが真理であり、その真理を攫《つか》むことが弁道（修行）だよ。老典座はそう教えてくれたのです。

しかし道元には、そのときはまだ老典座の教えが分からなかったに違いありません。その教えは簡単ですが、簡単なものこそ理解するのがむずかしいのです。のちに道元自身が言っていますが（その点については七八ページ参照）、それが分かるには、「分かろう」という気持ちそのものを捨てなければならないのです。

もっとも、道元は、老典座の教えを十分に理解できなかったにしても、老典座が大事なことを教えてくれたことは分かっているようです。

山僧《さんぞう》、聊《いささ》か文字を知り、弁道を了《りょう》ずるは、乃《すなわ》ち彼《か》の典座の大恩なり。

これは四三ページに引用したものの読み下し文です。彼は老典座に感謝しています。

もう一人の老典座

典座といえば、道元は『典座教訓』に、もう一人の典座との出会いを語っています。時間の前後は無視して、ここでそのエピソードを語っておきましょう。

道元が天童山で修行中の出来事です。

炎天下で、笠もかぶらず椎茸を乾かしている典座がいました。道元が年を尋ねると、六十八歳と答えました。その老典座があまりにも苦しそうな様子なので、道元が言いました。このあとは読み下し文を引用します。

山僧云《い》う、「如何《いか》んぞ行者《あんじゃ》・人工《にんく》を使わざる」と。座《ぞ》云う、「他《かれ》は是《こ》れ吾《わ》れにあらず」と。

山僧云う、「老人家《ろうにんけ》、如法《にょほう》なり。天日《てんじつ》且《か》つ恁《かく》のごとく熱《あつ》し、如何《いか》んぞ恁地《かくのごとく》にする」と。座云う、「更《さら》に何《いず》れの時をか待たん」と。山僧、便《すなわ》ち休《きゅう》す。

行者は、老僧の身の回りの世話をする見習い僧で、人工は禅寺にいる在家の使用人です。六十八にもなられる老僧が、そんな雑用をする必要はないじゃありませんか。行者や人工にやらせればいいじゃないですか。そう道元は老典座に言いました。

するとその老典座が、

《他は是れ吾れにあらず》

といった返答。他人はわたしじゃない。ということは、これがわたしの修行なんだ。わたしの修行を他人にやらせるわけにはいかん。そういった意味です。

その返答に、道元は、「老人よ、おっしゃる通りです」と言っています。「だが……」と、道元はそれに付け加えて言いました。「いまは太陽がこんなにも暑い。どうしてこのような時間にされるのですか?!」と。もう少し涼しくなってからすればいいのに……というわけです。

それに対する老典座の応答は、

《更に何れの時をか待たん》

でした。「じゃあ、いつやればいいのだ?!」という反問です。

《山僧、便ち休す》

わたしは絶句せざるを得なかった。そう道元は白状しています。「参りました」ということです。

わたしたちは、しばしば「あとで、あとで」と言います。そして、いろんな因縁で自分に回ってきた仕事を、〈いやだ、いやだ。これは本当はわたしの仕事じゃないのに……〉と、しぶしぶやっています。禅で教えているのは、それとは反対の、

——即今《そっこん》・当処《とうしょ》・自己《じこ》——

です。いま・ここで・自分がやるべきことをやるのだ！　老典座は道元にそのように教えたのです。

しかし道元は、この段階にあっては、老典座の教えを完全に自分のものにできなかったと思います。

生活禅の発見

時計の針を、ちょっと元に戻しましょう。

道元は、船が寧波の港に着岸してから三か月後の嘉定十六年（一二二三）七月に、下船して天童山に向かいました。これは中国の元号です。道元は中国にいるのだから、そのあいだは中

国の年号を使います。

そのときの天童山の住持は、臨済宗楊岐《ようぎ》派に属する無際了派《むさいりようは》でした。僧数は千名を超える大寺院でした。

しかし道元は、あまり無際了派に感心していません。たぶん肌が合わなかったのだと思います。

だが彼は、天童山に入って一つの発見をしました。それは、禅というものが、

――生活禅――

だということです。そのことについては、『典座教訓』の中で次のように道元は述べています。


而《しか》るに今《いま》、我が日本国は、仏法の名字、開き来《きた》ること已《すで》に久しきも、然《しか》も、僧食《そうじき》、法の如く作るの言、先人記さず、先徳教えず。況《いわ》んや僧食九拝《そうじききゆうはい》の礼、未《いま》だ夢にだも見ざる在《あ》り。国人謂《こくじんおも》えらく、僧食の事、僧家作食の法の事は、宛《あた》かも禽獣《きんじゆう》の如しと。

［ところが、現在の日本においては、仏法の名を聞くようになってから年久しいにもかかわらず、修行僧の食事を作法通りに作ることに関しては、先人たちは何も説かず、教えない。

ましてや典座が作った食事を僧堂に送り出すときに九拝することは、夢にも見ることができない。日本人が考える修行僧の食事、寺院における食事作法は、あたかも禽獣のそれである」

それから道元は、袈裟《けさ》に関してもこんな経験をしています。

隣の席に坐っている僧が、毎朝袈裟をつけるときと、就寝の前に袈裟をぬぐとき、いつでもその袈裟をおしいただいて頭上に載せているのです。これは、袈裟というものが釈尊以来、比丘の正式の服装であり、袈裟をつけることによって仏祖に参じることになるのですから、比丘たる者が当然にすべき作法です。にもかかわらず、日本においては誰もそれを教えてくれなかった。中国に来て、はじめてこれを学ぶことができた、と、道元は感激をもって『正法眼蔵』「袈裟功徳」に書いています。

これもまた、「生活禅」に関する一つの発見でした。

まじめさの功罪

道元はまじめに修行していました。彼の取り柄《え》はまじめ人間です。しかし、そのまじめさが、かえって徒《あだ》になることもあるのではないでしょうか。

これは『正法眼蔵随聞記』（二・九）にある話です。天童山において修行を始めて、まもなくのころです。

古人《こじん》の語録を見ている道元に、西川《せいせん》出身の僧が質問しました。

《語録を見てなにの用《よう》ぞ》

《古人の行李《あんり》（行動）を知《しら》ん》

《何の用ぞ》（古人の行動を知って、どうするつもりか？）

《郷里にかへりて人を化《け》せん》（日本に帰って、人々を教化するためだ）

《なにの用ぞ》

《利生《りしよう》（衆生の利益《りやく》）のためなり》

《畢竟《ひつきよう》じて何の用ぞ》

西川の僧から、「何の用ぞ」「何の用ぞ」と問われて、ついに道元は答えられなくなります。西川の僧は、「それをして何の役に立つのだ?!」と、道元の政治家的な目的論的思考を批難しているのです。

たぶん道元は、最初に、「おまえさんは語録を読んでいるが、いったい何のためにしているのだ？」と問われたとき、

「ほかにすることもないので……」

「いや、ほんの遊びのつもりですよ……」

とでも答えればよかったのでしょう。そうすれば、西川の僧も、「ふーん」ですんでしまうでしょう。

仏教語には〝遊戯《ゆげ》〟といった言葉があります。これは、仏や菩薩の何ものにもとらわれない自由な境地をいったものです。「××のために、これこれのことをする」といった考え方は、この遊戯の境地からはるかに遠いものです。わたしが常に言っている、

——のんびり・ゆったり・ほどほどに——

こそが、この遊戯の境地にあたるでしょう。しかし、まじめ人間の道元には、それがなかなか理解できなかったのです。

だが、のちに道元は、西川の僧が大事なことを教えてくれたことに気づきます。『正法眼蔵随聞記』には、以上の問答を続けて、道元はこう言っています。


予《よ》後《のち》に此《こ》の理を案ずるに、語録公案等を見て古人の行履《あんり》をも知り、あるひは迷者のために説き聴かしめん、皆な是れ自行化他《じぎようけた》のために畢竟《ひっきょう》じて無用なり。只管打坐《しかんたざ》して（ただ坐禅して）大事をあきらめなば、後には一字を知らずとも、他に開示せんに用ひつくすべか

らず。故に彼《か》の僧、畢竟じてなにの用《よう》ぞとは云ひける。是れ真実の道理なりと思ひて、其の後語録等を見ることをやめて、一向に打坐して大事を明らめ得たり。

ここで道元は、「××のために△△をする」といった、一つの政治的・目的論的発想を洗い落としたのでした。

南岳と馬祖の問答

さて、この章の最初で、道元が比叡山において一つの疑問に逢着したことに触れておきました。その解答というべきものを書いておきます。

道元の抱いた疑問は、すべての人間に仏性（仏の性質）がある。にもかかわらず、われわれはなぜ修行しないといけないのか?! といったものでした。これもまた、政治的・目的論的発想によるものでした。つまり、「悟りをするために修行をするのだ」と、道元は考えていたのです。

ところで、禅の世界ではこのような話が伝えられています。

馬祖道一《ばそどういつ》（七〇九―七八八）といえば、現在の日本に伝わっている中国禅の事実上の創始者といってもよいでしょう。その馬祖が、ある日、坐禅をしていました。彼の師である南岳懐譲《なんがくえじよう》（六七七―七四四）がやって来て、弟子に問います。

「何をしている？」

「坐禅をしています」

「何のために？」

「仏になるためです」

そうすると師の南岳は馬祖の横に坐り、落ちていた磚《せん》を拾って、石の上で磨き始めました。磚とは敷瓦《しきがわら》です。

次は弟子が問う番です。

「何をされているのですか？」

「磚を磨いておる」

「磚を磨いて、どうするのですか？」

「鏡にしようと思っている」

ここまでは選手が交替しただけで、まったく同じ問答です。

そこで馬祖が言いました。

「でも、磚は、いくら磨いても鏡になりませんよ」

「おや、そうかい。おまえさんにそれが分かっていて、どうして坐禅をして仏になろうとするのだ?! 凡夫はいくら坐禅をしても、仏にはなれんよ」

お分かりになりますか? 磚はいくら磨いても鏡になりません。鏡だからこそ、磨けば鏡になるのです。同様に、凡夫はいくら坐禅をしても仏になれない。仏だからこそ、坐禅をすれば仏になれるのです。

南岳は弟子の馬祖に、そう教えたのです。

この南岳と馬祖の問答は、道元の『正法眼蔵』の「古鏡《こきょう》」と「坐禅箴《ざぜんしん》」の巻に出てきます。

仏になることを求めず

道元は比叡山にあって、仏になるために修行(坐禅)する、と考えました。それは目的論的思考であって、実際は逆なんです。逆というのは、

——仏だからこそ修行ができる——

のです。われわれは、優等生になるために猛烈な勉強をすると考えますが、そうではありません。優等生だからこそ猛烈な勉強ができるのです。

じつは、仏教者に〝方便〟といった言葉があります。もっとも〝方便〟は、日常語でもあり

ます。しかし、日常語としては、たとえば「嘘も方便」といったふうに、ある目的を達成するための便宜的な手段の意味に使われますが、仏教語としてはサンスクリット語の〝ウパーヤ〟の訳語であって、これは「近づく」といった意味です。大乗仏教においての目的は、もちろん仏になることですが、ではわれわれはいつ仏になれるかといえば、無限ともいえる遠い遠い未来においてです。ある意味では、われわれは生きているあいだに仏になれないといってもよいのです。そうするとわれわれにできるのは、仏に向かって歩み、仏に近づいていくことだけです。その近づくことこそが方便なのです。

だとすると、われわれにとって大事なことは、仏になるそのことよりも、仏に向かって歩む姿そのものです。修行して仏になるのではなく、仏が修行している姿勢そのものが大事なのだ。道元はそう考えました。

道元はそのことを、

作仏《さぶつ》をもとめざる行仏《ぎようぶつ》（『正法眼蔵』「坐禅箴」）

と言っています。坐禅というものは、仏になることを求めずに、ただ仏に向かって歩むことなんです。それが「作仏」ではなく「行仏」です。

そして道元は、

――不図作仏《ふずさぶつ》（仏になることを求めない）・只管打坐《しかんたざ》（ただ坐禅をする）・修証一等《しゅしょういっとう》（修行と証《さと》りが同じもの）――

と主張しています。これが、比叡山において発した自分の疑問に対する答えでありました。

それ、修証はひとつにあらずとおもへる、すなはち外道《げどう》の見なり。仏法には修証これ一等なり。

『弁道話』にある道元の言葉です。

第3章

「身心脱落」

如浄に師事する道元

道元は何のために入宋したのでしょうか……？

もちろん、自分の師となる人を求めてのことです。

しかし、中国の事情に詳しくない日本人ですから、最初は建仁寺の開山であった栄西が修行していた天童山に入りました。その天童山の住職が無際了派《むさいりょうは》でした。彼は臨済系の人です。

だが道元は、無際了派をそれほど高く買っていません。そして、天童山にいる修行僧たちのやる気のなさに辟易しています。おもしろいと言えばよいのでしょうか、道元は天童山の修行僧たちの口臭にだいぶ悩まされています。ちゃんと歯を磨かないからだ、と、悪口めいたことを記していますが、それを読んでわたしは、〈ああ、道元は貴族のお坊ちゃんなんだ〉と思いました。

道元が天童寺に掛錫《かしやく》したのは嘉定十六年（一二二三）七月でしたが、しかしその翌年の秋、無際了派が示寂《じじやく》しました。したがって、道元と無際了派との縁は、たった一年足らずのものでした。それを契機に道元は天童山を下りて、諸山遊歴の旅に出ます。

たぶんこのとき、本当は日本からの師であった明全も、一緒に旅に出たかったのだと思いますが、明全はだいぶ体調を崩していたので、天童山に残りました。道元一人で、あちこちを歴訪したのです。

だが正師《しょうし》は、容易に見つかりません。これといった人物がいないのです。中国、広しといえども、そうそう人物がいるわけではありません。道元はあきらめて、日本に戻ることを考えました。

そんなある日、道元は一人の老僧から「如浄《にょじょう》」といった禅僧の名を教わります。

「今度、天童山に入寺された如浄禅師こそ、中国第一の禅者である。あなたが本当の仏法を学びたいのであれば、ぜひとも如浄禅師に参禅すべきである」

それを聞いて、道元は急いで天童山に戻りました。


大宋宝慶《ほうきょう》元年乙酉《いつゆう》五月一日、道元はじめて先師天童古仏を妙高台に焼香礼拝す。先師古仏はじめて道元をみる。(『正法眼蔵』「面授《めんじゅ》」)

「大宋宝慶元年(一二二五)五月一日、わたし道元は初めて古仏と呼ばれる如浄禅師を、禅師の方丈である妙高台に訪ね、焼香礼拝した。如浄禅師も初めてわたし道元を見られた」

念願の正師と出会った感激を、道元はそう記しています。如浄を見た瞬間、道元は、
〈この人こそが！〉
と、電流に触れたようにピンときたのです。そして如浄のほうも、道元を見たとたん、
〈うん、こいつはものになる〉
と、その力量を見抜きました。そして如浄は道元に、

仏々祖々、面授の法門現成《げんじょう》せり。（同前）

［仏から仏へ、祖師から祖師への面授の法門が成ったようじゃな］

と言っています。釈迦仏から祖師たちへと正しく伝わってきた法門が、如浄から道元へと伝わる機が熟した。如浄はそのように喜んでいます。

なお、ちょっと脱線的に報告しておきます。病気になった明全ですが、残念なことに彼は天童山において寂しています。道元が如浄に相見したのは、すでに述べたように宝慶元年（一二二五）の五月一日でしたが、その月の二十七日に明全は死を迎えました。

特別待遇を許される

ところで、如浄は曹洞宗の法を嗣いだ禅僧です。その前の住職の無際了派は臨済宗の人でした。日本では、臨済宗の寺院に曹洞宗の人間が入るのはおかしいと思われるかもしれませんが、中国では臨済宗の寺、曹洞宗の寺といった区別はありません。誰が住職になるかによって、その寺院の宗派が決まるのです。

如浄は簡素を好み、ただひたすらに坐禅をすることを考えている禅僧です。夜は午後の十一時ごろまで坐禅をし、朝は午前二時半ごろから坐禅をしていたと伝えられています。誰も如浄が横に臥しているのを見たことがないといいます。

「わたしは十九歳のときから、一日一夜といえども坐禅しない日はなかった」

と、彼は言っています。如浄の禅風は、それほどの厳しいものでした。

それ故、坐禅中に居眠りをする者がいれば、如浄は自分の拳骨でもって、また履いていた木靴でもって、その修行僧を殴りつけたと伝えられています。

この如浄に最初に道元が出会ったのは、道元の二十六歳のとき、そして如浄の六十三歳のときでした。

道元は如浄にぞっこん惚れ込み、その特別指導を請うています。

和尚、大慈《だいず》大悲《だいひ》、外国遠方の小人の願うところは、時候に拘《かか》わらず、威儀《いいぎ》を具せず、頻々《ひんぴん》に方丈に上《のぼ》りて愚懐《ぐかい》を拝問せんと欲す。無常迅速にして生死事大《しょうじじだい》なり。時《とき》は人を待たず、聖《しょう》を去らば必ず悔《く》いん。(『宝慶記』)

時刻を問わず、普段着のまま、和尚にお目にかかり、愚問を呈するのを許してほしい。そういった嘆願です。

その嘆願を如浄は聞き届けました。

元子《げんす》が参問、今より已後《いご》、昼夜時候に拘らず、著衣衩衣《じゃくえしゃえ》にして方丈に来りて道を問わんに妨げなし。老僧は親父の無礼を恕《ゆる》すに一如《いちにょ》せん。(同前)

「道元くんは、今後、昼夜を問わず、袈裟を着けようと普段着のままでも、わが方丈に来て仏道について質問してよろしい。老僧は、父親がわが子の無礼を赦《ゆる》すのと同じようにしよう」

これは破格の待遇です。たぶん、外国人に対する特別待遇かもしれません。しかし、それ以上に如浄は道元の求道の真剣さと、その才能を買っていたのだと思います。

道元はその許された特権でもって、如浄にあれこれ質問し、そして教わったことを書き留めています。その手控え、あるいはノートともいうべきものが『宝慶記』です。もっとも、『宝慶記』は、道元が帰国後に改めて書き直したものだとする説もあります。

道元の開悟

前にも述べたように、道元は宝慶元年（一二二五）の五月一日に如浄に出会いました。そして、その年のたぶん七月中旬、道元は「身心脱落《しんじんだつらく》」しました。

〝身心脱落〟だなんて、聞き馴《な》れない言葉を使いましたが、これが道元を理解するキーワード（手掛かりとなる語）になります。とりあえずは「悟りを開いた」と思ってください。あとでゆっくり解説します。

その日、師の如浄は、坐禅をしている最中にこっくり居眠りしている雲水（禅僧）に大喝《だいかつ》を加え、警策《きょうさく》で叩きました。

「参禅はすべからく身心脱落なるべし、只管《しかん》に打睡《だすい》して、什麼《なに》を為《な》すに堪《た》えんや」

参禅することは、身心脱落することだ。それなのに、おまえはひたすら居眠りばかりしておる。そんなことで、参禅の目的が果せるというのか?! そういう意味の叱声です。

その言葉を聞いた瞬間、居眠りしている僧の横に坐っていた道元が、悟りを開いたのです。すぐさま彼は、如浄の方丈に参じ、焼香・礼拝しました。

師が訊きます。

「何のための礼拝か?」

「身心脱落し来《きた》る」

道元がそう答えました。すると如浄は、ただちに、

「身心脱落、脱落身心」

と、道元の大悟徹底を認めました。

ですが、道元はいささか不安だったのでしょう、

「これは暫時《ざんじ》の伎倆《ぎりよう》です。和尚よ、妄《みだ》りにわたしを印可しないでください」

と。〝暫時の伎倆〟とは、「ほんのちょっとしたテクニック」といった意味です。わたしの悟りなんて、ほんのちょっとしたもので、本物ではありません。師よ、そう簡単にわたしを印可しないでください、と道元は言ったのです。〝印可〟とは、弟子の修行が完成し、悟りを開い

たことを師が認めることです。

「吾《われ》、汝《なんじ》を妄りに印せず」

と、師は道元の大悟を認めました。すると道元は、

「いかなるかこれ、妄りに某甲《それがし》を印せざるの底《てい》」

と尋ねます。いったい何を根拠に、わたしの悟りを認めてくださるのですか……といった問いです。すると師の如浄は、

「脱落脱落」

と、〝脱落〟を二度繰り返しました。これは、ひょっとしたら「脱落が脱落した」と読んだほうがよいかもしれません。

以上が、道元の伝記である『三祖行業記《さんそぎょうごうき》』や『建撕記《けんぜいき》』が伝える、道元の開悟の場面です。繰り返しておきますが、このとき道元は二十六歳、如浄は六十三歳でした。道元は五十四歳で亡くなっていますから、二十六歳は人生の折り返し点にあたります。

身心脱落とは何か？

居眠りしている雲水を叱った師の言葉で、まったくの他人である道元が悟る。おもしろいで

すね。悟りの契機とは、そういうもののようです。ある禅僧は、小石が竹に当たって「カン」と響いた、その音を契機にして開悟しています。

でも、道元の場合、それは音ではありません。〝身心脱落〟といった言葉に反応しているのです。

では、〝身心脱落〟とは、どういう意味でしょうか？

「身も心も脱落させる」といった意味だから、簡単にいえば「無我の境地」になること、あるいは「我意のないこと」といえるかもしれません。

もっとも、この言葉を発した如浄と、それを聞いた道元とのあいだには、言葉の意味が微妙に違っている可能性があります。道元は如浄からはじめて〝身心脱落〟といった術語を聞いたとき、その意味を尋ねています。すると如浄は、次のように答えました。

堂頭《どうちよう》和尚示して曰く。参禅は身心脱落なり。焼香、礼拝《らいはい》、念仏、修懺《しゆさん》、看経《かんきん》を用いず。祗管《しかん》に打坐《たざ》するのみ。

拝問す。身心脱落とは何ぞや。

堂頭和尚示して曰く。身心脱落とは坐禅なり。祗管に坐禅する時、五欲《ごよく》を離れ、五蓋《ごがい》を除くなり。（『宝慶記』）

［如浄禅師が言われた。「参禅は身心脱落である。焼香・礼拝・念仏・懺悔《さんげ》・経典読誦などはせず、ただひたすら坐るだけのことだ」

わたしが質問した。「身心脱落とは何ですか？」

如浄禅師が言われた。「身心脱落とは坐禅することだ。ひたすらに坐禅するとき、五欲を離れ、五蓋を除くことができる」］

五欲とは、色欲・声欲・香欲・味欲・触欲の五つです。五蓋《ごがい》は五つの煩悩（蓋）であって、貪欲蓋《とんよくがい》・瞋恚蓋《しんにがい》・睡眠蓋《すいめんがい》・掉悔蓋《じょうかいがい》（心の不安や悩み）・疑蓋《ぎがい》（疑惑）をいいます。身心脱落によって、この五欲と五蓋を除去できるのですから、身心脱落とは、

――邪念をなくすこと――

だとしてもよいでしょう。だから如浄は、居眠りしている修行僧に対して、坐禅とは邪念をなくすことなのに、おまえは坐禅しながら五蓋の一つである睡眠蓋にとらわれている。ナンタルコトゾ！と叱ったのです。

しかし道元は、その〝身心脱落〟といった言葉を聞いた瞬間、文字通りに身心脱落してしまった。小さい自己・自我に対するこだわりがいっさい消え失《う》せてしまったのです。自我意識を

すべて捨ててしまったのです。わたしはそう思います。

それが道元の大悟《たいご》徹底《てってい》でした。

自我意識をなくす

では、道元はどのように考えたのでしょうか?

人間は誰もが、〈俺が……〉〈俺が……〉といった自我意識を持っています。〈俺は偉いんだ〉というのも自我意識であり、逆に〈俺はだめな人間だ〉というのも自我意識です。

そして、その自我意識がぶつかり合って、お互いに傷つけ合っているのです。〈あの人にあんなことを言われて、わたしは傷ついた〉と落胆したり、〈いや、わたしが悪いのではない。あの人が悪いのだ〉と、相手を非難したりするのです。このようにして、自我意識は他人との対抗意識や競争意識につながります。自我意識そのものが悪いのではなく、この対抗意識や競争意識が悪いのです。

したがって、自我意識なんて捨ててしまえ! と言う人がいますが、わたしはそれはおかしいと思います。自我意識がなくなれば、人間でなくなってしまいます。現代でいう認知症の人が、それに近いでしょうか。でも認知症の人だって、ある程度の自我意識を持っています。

で、道元の考え方を理解するためには、わたしはこの自我意識というものを角砂糖に譬《たと》えて説明すればよいと思っています。もっとも、道元が如浄から〝身心脱落〟という語を聞いた瞬間、ここまで明確に理解したかどうかは分かりません。しかし、ずっとのちになって彼が『正法眼蔵』のあちこちで言語化したものをまとめるなら、次のようになると思います。

角砂糖（自我意識）は、他の角砂糖との接触・交渉・ぶつかり合いによって傷つき、ボロボロに崩れたりします。わたしたちはそれを修復・手直ししながらなんとか自我を保っているのですが、ときにはもうボロボロになって、修復不可能な状態になることもあります。

自我意識というものは、そういう厄介なものなんです。

そこで道元は、その角砂糖を湯の中に入れろ！と、命じます。

この湯の中というのは、大きな悟りの世界・仏の世界です。

角砂糖が湯の中に入れば、角砂糖がなくなったわけではありません。角砂糖は湯の中に拡散しただけです。

これが道元の考えた「身心脱落」です。つまり「身心脱落」は、自己の消滅ではありません。自己の全量——角砂糖の全量——が湯の中にあるのです。

ここで道元の言葉を引用紹介します。

仏道をならふといふは、自己をならふ也《なり》。自己をならふといふは、自己をわするゝなり。自己をわするゝといふは、万法に証せらるゝなり。万法に証せらるゝといふは、自己の身心および他己《たこ》の身心をして脱落せしむるなり。（『正法眼蔵』「現成公案《げんじょうこうあん》」）

［仏道を学ぶということは、自己を学ぶことだ。自己を学ぶというのは、自己を忘れること。自己を忘れるというのは、悟りの世界に目覚めさせられることである。悟りの世界に目覚めさせられるということは、自己および他己（他なる自己。すなわち自己のうちにある他人）を脱落させることである］

ここで道元は、〝忘れる〟という言葉を使って、身心脱落を説明しています。そして「忘れる」ということは、悟りの世界に融け込むことだというのです。

それから道元は、〝他己〟という聞き馴れない言葉を使っています。わたしたちが対抗意識を持ったり、競争意識を抱く他人は、わたしの外にある存在ではなしに、わたしの内にある存在なんですよね。わたしはあれこれ彼・彼女のことをやきもき気にしていますが、ほとんどの場合先方はこちらのことを気にしていません。したがって、それは「自己の内にある他人」であって、身心脱落するということは、自己ばかりでなしに他己も脱落させねばならない。道元はそのことを言っているのです。

仏の御いのち

もう一つ、引用します。

この生死《しょうじ》はすなはち仏の御《おん》いのちなり。これをいとひすてんとすれば、すなはち仏の御いのちをうしなはんとするなり。これにとどまりて生死に著《じゃく》すれば、これも仏のいのちをうしなふなり、仏のありさまをとゞむるなり。いとふことなく、したふことなき、このときはじめて仏のこゝろにいる。たゞし、心をもてはかることなかれ、ことばをもていふことなかれ。ただわが身をも心をもはなちわすれて、仏のいへになげいれて、仏のかたよりおこなはれて、これにしたがひもてゆくとき、ちからをもいれず、こゝろをもつひやさずして、生死をはなれ、仏となる。たれの人か、こゝろにとゞこほるべき。(『正法眼蔵』「生死《しょうじ》」)

[この生死は、とりもなおさず仏の御いのちである。これを忌避し捨てんとすれば、まさし

く仏の御いのちを失うことになる。逆にこれを大事にしすぎて生死に執着すれば、それも仏のいのちを失って、ただ外形だけで仏らしくしているにすぎない。生死を厭《いと》うことなく、執着することもなくなったとき、そのときはじめて仏のこころが分かってくる。ともあれ、あれこれ揣摩《しま》臆測《おくそく》するな。言葉でもって言おうとするな。ただ、わが身とわが心をすっかり忘れ去ってしまい、すべてを仏の家（仏の世界）に投げ込んでしまって、仏のほうからの働きかけがあって、それに随《したが》っていくようにしたとき、力も入れないで、心労もせず、迷いを離れて悟りを得ることができる。そのようにすれば、誰も心を悩ませることはない」

いささか長い引用になりました。この「生死」の巻は、江戸時代になって永平寺の宝蔵から出てきたものです。それ故、これを道元のものと認めない学者もいます。しかし、わたしは、ここで道元は身心脱落について重要なことを言っていると思っています。

まず道元は、わたしたちのいのちが仏のものであることを言っています。これは重要なことです。わたしたちは、自分のいのちは自分のものだと思っていますが、そうではありません。仏のいのちを、わたしが預っているのです。他人もまた、仏のいのちを預っておられるのです。ですから、自分のいのちも他人のいのちも、ともに大事にせねばなりません。

われわれ現代人は、自分のいのちを自分のものだと思っています。そうすると、容易にこれ

は他人に奪われてしまいます。わたしの幼時は、日本は天皇制国家であって、小学校（当時は国民学校といいました）においては、

「きみたちのいのちは、天皇陛下のものである」

と教えられました。そして国民をどしどし徴兵し、戦場に送って戦死させました。まるで消耗品扱いです。わたしは、誰か仏教者が、「馬鹿なことを言うな！　天皇陛下のいのちじゃない！　いのちは仏のものだ！」と言うべきであったと思います。

そして現在、われわれは、〈自分のいのちは自分のものだ〉と思っているもので、そのいのちを会社・企業に奪われ、過労死させられるありさまです。

《この生死はすなはち仏の御いのちなり》

という道元の言葉に、われわれはもっと真剣に耳を傾けねばなりません。

苦しいときは苦しめばいい

さて、われわれのいのちが仏のいのちだとすれば、これを簡単に捨てることはできないのです。つまり、言葉の表面的な意味での「無我」ではいけません。かといって、身心に執着してもいけません。

では、どうすればよいのでしょうか？

《ただわが身をも心をもはなちわすれて、仏のいへになげいれて》

［ただ、わが身とわが心をすっかり忘れ去ってしまい、すべてを仏の家に投げ込んで］

と道元は言っています。すなわち、角砂糖である自我意識（身心）を、大きな悟りの世界に投げ込んでしまえばいいのです。悟りの世界に融け込ませればいい。それが身心脱落です。

だが、いくら身心脱落しても、それで「苦」がなくなるわけではありません。この点を、ほとんどの仏教学者が誤解しています。「苦」は原因があって生じるのだから、その原因をなくせば、「苦」はなくなると考えるのです。それは嘘です。たとえば風が吹くという原因によって花が散りますが、それじゃあ風が止《や》めば、散った花が元の枝に戻るでしょうか。散った花は散ったままです。浮気をして離婚した人が、浮気をやめたところで夫婦関係が元に戻るわけではありません。「苦」は「苦」のままで残ります。

仏教では「愛別離苦《あいべつりく》」をいいます。愛する者との別離は「苦」です。それで小乗仏教は、出家をして愛する者をつくらない方向に進みました。しかし、そのようなやり方は、人間性を否定したものです。姑息な手段です。

苦しむときは、苦しめばいいではないか。泣きたいときは、泣けばいい。わたしはそう思いますし、道元もそう言っています。

ただ生死すなはち涅槃《ねはん》とこゝろえて、生死としていとふべきもなく、涅槃としてねがふべきもなし。(『正法眼蔵』「生死」)

〝生死〟というのは「迷い」です。そして〝涅槃〟とは「悟り」。道元はここで、

——生死即《そく》涅槃、迷い即《そく》悟り——

と言っています。しかしこの〝即〟を「イコール」の意味に解してはまちがいです。われわれは「迷い」と「悟り」を二つの違ったものだとしていますが、実際はそれは一枚のコインの裏表のようなものです。だから迷い(生死)と悟り(涅槃)を別《わ》けるな——というのが道元の主旨です。迷いの中で悟り、悟りの中で迷えばいい。それが道元の考え方です。

したがって、わたしたちは苦しいときは苦しめばいいのです。迷うときは迷えばいい。その苦しみと迷いの中で、ほんの一歩、仏に向かって歩めばいいのです。それがつまりは悟りにほかならない。そういうふうに道元を読めばいい。わたしはそう考えています。

道元は悟りを得たのではない

以上のような「悟り」を得て、道元は日本に帰って来ました。

いや、これはわたしの言いまちがいです。道元は「身心脱落」したのだから、そこには悟りを得る主体がありません。その点を、道元自身が次のように表明しています。

山僧叢林《さんぞうそうりん》を歴《ふ》ること多からず、只是等閑《ただこれなおざり》に天童先師に見《まみ》えて、当下《ただち》に眼横鼻直《がんのうびちょく》なることを認得して、人に瞞《あざむ》かれず、便乃《すなわ》ち空手《くうしゅ》にして郷《きょう》に還《かえ》る。所以《ゆえ》に一毫《ごう》も仏法なし。任運《にんぬん》に且《しばら》く時を延《の》ぶるのみなり。朝朝日は東より出で、夜夜月は西に沈む。雲収《おさま》つて山骨露《さんこつあら》われ、雨過ぎて四山低し。畢竟如何《ひつきょういかん》。良久《りょうきゅう》して云く、三年に一閏《じゅん》に逢い、鶏《とり》は五更《ごこう》に向《むか》ひ啼《な》く。（『永平元禅師語録』「元禅師が初めて本京宇治県興聖禅寺に住する語録」）

［山僧《わたし》は、禅寺《ぜんでら》をあまり多く訪ねたことはないが、ただはからずも先師天童如浄禅師にお目にかかることができ、すぐさま眼は横に、鼻は縦についていることが分かって、もはや他人に騙されることなく、何も携えずに手ぶらで故郷に帰って来た。だから山僧にはこれっぽっちの仏法もない。勝手気儘《かってきまま》に時を過ごしているだけだ。毎朝毎朝、日は東より昇り、毎夜毎夜、月は西に沈む。雲がきれると山肌が現われ、雨が過ぎると四囲の山が低い姿を現わす。で、いったい何が問題か？　しばらく間をおいて言われた。三年に一度、閏月《うるうづき》があり、鶏は

夜明前に時を告げて鳴く」

これは、嘉禎二年（一二三六）に道元が宇治の興聖寺《こうしょうじ》の禅堂を開設したときの言葉です。

ここで道元は、

――空手還郷《くうしゅげんきょう》（わたしは手ぶらで帰って来た）――

を強調しています。悟りを得て日本に帰って来た――なんて言えば、道元に叱られますね。いや、そもそも人間のほうから悟りを追い掛けてはいけないのです。悟りのほうからやって来るのです。

自己をはこびて万法を修証《しゅしょう》するを迷《まよい》とす、万法すゝみて自己を修証するはさとりなり。

（『正法眼蔵』「現成公案」）

［自分のほうから宇宙の真理を悟ろうとするのは迷いであり、宇宙の真理のほうからの働きかけでもって自分を悟らせてもらえるのが悟りである］

道元はそう言っています。

此岸も彼岸も消失す

早く道元を日本に迎えたいのですが、もう少し蛇足を加えておきます。道元がどのように悟ったか？　それが分からないと、帰国後の道元の事績がよく分からなくなるからです。

わたしたちは、仏教というものを、

——悟りの彼岸に渡ること——

だと理解しています。大きな川があって、こちら岸を此岸《しがん》と呼んで迷いの世界。向こう岸を彼岸《ひがん》と呼んで悟りの世界。そして、修行によって此岸から彼岸へと渡るのが仏教の目的です。〝渡〟という字からさんずい（氵）をとれば〝度〟になります。「縁なき衆生は度し難し」と言われる、あの「度」です。〝渡〟も〝度〟も、悟りの向こう岸に到達することを意味します。

ところが、道元によると、彼自身は身心脱落していますから、渡るべき自分自身（主体）がありません。渡る主体がないということは、その意味では彼岸そのものが消滅しているのです。

では、彼岸がなくなって、われわれは煩悩と迷いの此岸にいるのかといえば、わたしたちは身心脱落していますから、此岸もまた消滅しているのです。

そうすると、彼岸も此岸も消滅し、世界全体が消失したかといえば、それも違いますね。世界は歴然と存在しており、その中でわたしたちは泣き・笑い・迷い・苦しみ・悩み・喜びながら生きています。

じつは、それこそが身心脱落です。

わたしたちが身心脱落すれば、悟りの世界である彼岸も消え失せ、迷いの世界である此岸もなくなってしまうのです。そうするとわたしたちは、いま目の前にある世界――それを道元は「現成《げんじょう》」と呼んでいます――をそのまま受け容れ、肯定し、その中で喜・怒・哀・楽することになります。いいことがあれば喜び、病気になれば苦しめばいいのです。

道元は如浄のもとで、そのような「身心脱落」をしたのです。

それは宝慶元年（一二二五）、道元の二十六歳のときでした。

そして、翌々年の宝慶三年七月上旬、道元は明州を出航し、帰国の途に就きました。その翌月の八月、道元を乗せた船は熊本川尻に着きます。道元は日本に帰って来たのです。

その入宋期間は、二十四歳から二十八歳までの、足掛け五年にわたっています。

第4章

深草時代の道元

安楽の法門

帰国した道元は、とりあえず建仁寺に掛錫《かしやく》しました。

じつは道元は、宋を去るにあたって、師の如浄から餞《はなむけ》の言葉をいただいています。

城邑聚落《じようおうじゆらく》に住すること莫《なか》れ。国王大臣に近づくこと莫れ。只《ただ》、深山幽谷に居して、一箇《いっこ》半箇《はんこ》を接得して、吾宗をして断絶に至らしめること勿れ。(『建撕記《けんぜいき》』)

そなたは日本に帰っても、都会に住んではならない。権力者に近づくな。山林に住して、一人でもいい、一人が無理なら半人でもいい、法を伝える弟子をつくって、釈迦正伝《しようでん》の仏法を断絶させるな。そう厳しく誡めているのだから、これは餞の言葉というより、誡めの言葉ですよね。しかし如浄自身が政治権力から遠く離れている人間でしたから、師からすれば、あたりまえのことを言っているのです。

ところが道元は、いろんな事情もありましたが、結果的にはこの師の誡めを無視してしまいました。

まず道元には、腰を落ち着かせる「場所」がありません。比叡山に行けば、彼は比叡山を捨て去った人間です。のこのこ比叡山に帰れません。いや、彼は袋叩きに遭うでしょう。

そうすると道元は、京都の建仁寺に仮寓《かぐう》するよりほかありません。中国で亡くなった師の明全の遺骨を納める意味もあったでしょう。ともかく道元は、建仁寺に「戻る」よりほかなかったのです。

建仁寺は京洛の中心部にあります。とてもとても深山幽谷ではありません。建仁寺の人々は、道元を冷たく迎えました。師の明全が一緒に帰国していれば、道元にもそれなりのポストが与えられたかもしれません。明全は建仁寺において大学教授クラスであり、その大学教授が大学院生か助教クラスの道元を連れて留学したのです。だから、明全と一緒に帰国していれば、道元にも准教授クラスのポストが与えられたでしょう。けれども道元は一人で帰って来ました。それ故、彼が冷遇されるのも当然といえば当然です。

そして道元は、建仁寺に掛錫したその年に、『普勧坐禅儀《ふかんざぜんぎ》』を執筆しています。この書は、坐禅が仏教の基本であることを確認し、人々に普《あまね》く坐禅を勧めたものです。釈迦や達磨《だるま》（菩提《ぼだい》達磨）が坐禅によって悟りを得たことを述べ、坐禅の仕方を教え、それが誰にでも実践できる行であることを教えています。ある意味でこの書は、道元の帰国報告書であると同時に立教開宗の宣言書でもありました。
彼はこう言っています。

所謂《いわゆる》、坐禅は習禅《しゅうぜん》にあらず。唯是《ただこ》れ安楽の法門なり。菩《ぼ》提《だい》を究尽《ぐうじん》するの修証《しゅしょう》なり。(『普勧坐禅儀』)

[ここでわたしが言う坐禅は、これまで言われていた苦行的な禅定修行ではない。これは安楽の教えである。禅定修行は悟りを得るための手段であるが、安楽の法門である坐禅は、悟りを究め尽くした上での修証なのである]

現代語訳はだいぶ言葉を補っていますが、ここに道元の主張の根幹があります。しかし、これはすなわち天台宗に喧嘩を吹っ掛けているのです。

わたしは、〝習禅〟といった言葉を「苦行的な禅定修行」と訳しましたが、道元からすれば、これがまさに天台宗の坐禅なんです。おまえたちの言っている坐禅は苦行にほかならないが、わたしが提唱している坐禅は「安楽の法門」だと主張する道元は、天台宗に喧嘩を売っているのです。

たしかに、道元の主張はわたしも同感できます。と言えば、わたしもまた天台宗に喧嘩を売っていることになりそうですが、わたし自身は坐禅なんか敬遠しています。現在の曹洞宗の坐禅がどのようなものか、わたしは詳しく知りませんが、道元のいう坐禅——安楽の法門——は、身心脱落した者が悟りの世界でゆったりと遊んでいる姿なんでしょう。『普勧坐禅儀』を書いた段階での道元は、そう考えていたと思います。

天台宗に喧嘩を売る

道元の到達した境地からすれば、たしかに彼の言っていることは正鵠《せいこく》を射ています。しかし、日本には日本の歴史があり、伝統があります。それを無視して、

「俺の言っていることが正しいんだ」

といった態度をとられても困ります。天台宗には、自分たちこそが日本の仏教界を背負っているんだという自負があるからです。

同時に、これは道元が仮寓している建仁寺にとっても困ることです。

建仁寺は建仁二年（一二〇二）、土御門《つちみかど》天皇の発願により、源頼家（一一八二—一二〇四）が檀越《だんのつ》となって、栄西を開山に迎えて建立された寺です。栄西は二度も入宋した臨済宗の禅僧

です。帰朝後、京都で教外別伝の禅を説いたが故に、天台宗から弾圧されました。それで彼は鎌倉に行き、鎌倉幕府の庇護のもとに禅宗を弘めましたが、京都の建仁寺の開山になるにあたって、栄西はやけに慎重でした。彼は建仁寺を、天台・真言・禅の三宗兼学の道場としたのです。

これは、天台宗におもねった態度です。天台宗そのものが、円・禅・戒・密の道場ですから(円とは大乗円満の教義を旨とする意味)、栄西の三宗兼学は天台宗に觝触《ていしょく》しないわけです。

ところが道元は、あからさまに、「俺の提唱する禅は、天台仏教とはまったく違っている。わたしの禅こそ真の仏教だ」と主張するのだから、天台宗に喧嘩を売っていることになるばかりか、建仁寺にとっても不穏な言動になります。それ故、道元は天台宗から弾圧を受けたばかりでなく、建仁寺の古参の僧たちから異端分子とみなされ、反感を買うはめになりました。

いま、わたしは、道元は独自の「禅宗」を提唱したかのように書きましたが、じつは彼は、自分の言っている坐禅を中心とする仏教を〝禅宗〟と呼ぶことに反対しています。

しかあるを、仏々正伝の大道を、ことさら禅宗と称ずるともがら、仏道は未夢《みむ》見在《けんざい》なり、未夢聞在なり、未夢伝在なり。禅宗を自号するともがらにも仏法あるらんと聴許《ちょうこ》することなかれ。禅宗の称、たれか称じきたる。諸仏祖師の禅宗と称ずる、いまだあらず。しるべし、禅宗の称は、魔《ま》波旬《はじゅん》の称ずるなり。魔波旬の称を称じきたらんは魔儻《まとう》なるべし、仏祖の児孫にあらず。（『正法眼蔵』「仏道」）

［そうであるのに、仏から仏へと正しく伝わってきた大道を、あえて〝禅宗〟と呼ぶ連中は、仏道を夢にも見たことがないのであり、仏道を夢にも聞いたことがないのであり、仏道を夢にも伝承したことがないのである。みずから〝禅宗〟と呼称する連中にも仏法があるのであろうと認めてやってはならない。〝禅宗〟という呼称は、誰が称したのであろうか。諸仏や祖師たちのうちで、〝禅宗〟と呼んだ者はかっていない。知るべし、〝禅宗〟の呼称は、天魔《てんま》波旬《はじゅん》（波旬という名の魔王）が称するものだ。天魔波旬が使う呼称でもって呼ぶ者は、魔の仲間であって、仏祖の後継者ではない］

ものすごく語気が荒いですね。道元は、自分が伝える仏教こそが真の仏教である。その真の仏教を〝禅宗〟なんてちっぽけな・安っぽい名で呼ぶなんてけしからん、と息巻いているのです。

それじゃあ、道元の伝えた仏教を何と呼べばよいのでしょうか？　彼はそれを、

――正伝の仏法・純一の仏法・全一《ぜんいつ》の仏法――

と呼んでいます。ということは、天台宗の仏教なんて贋物《にせもの》なんです。彼が天台宗から憎まれるのは、当然ではないでしょうか。

深草に移る

寛喜二年（一二三〇）の春、道元は京都洛南の深草《ふかくさ》の地に移りました。彼は建仁寺を、自発的に退出したというより、いわば追い出されたわけです。帰国してから三年目になります。

予《よ》、かさねて大宋国におもむき、知識を両浙《りょうせつ》にとぶらひ、家風を五門にきく。つひに太《たい》白峰《はくほう》の浄《じょう》禅師に参じて、一生参学の大事こゝにをはりぬ。それよりのち、大宋紹定《じょうてい》のはじめ、本郷《ほんきょう》にかへりしすなはち、弘法救生《ぐほうぐしょう》をおもひとせり。なほ重担をかたにおけるがごとし。

しかあるに、弘通《ぐづう》のこゝろを放下《ほうげ》せむ激揚《げきよう》のときをまつゆゑに、しばらく雲遊萍寄《うんゆうひょうき》して、まさに先哲の風《ふう》をきこえむとす。（『弁道話』）

［わたしはそれから大宋国に渡り、指導者を浙江省《せっこう》の東西の両岸に訪ねて、禅宗五派の教え

を学んだ。そして最後に、太白峰《たいはくほう》（天童山）の如浄禅師に入門して、一生の参学の大事を達成した。それからのち、大宋国の紹定《じょうてい》の年号の初めに日本に帰って来た。それは、仏法を弘めて衆生を救わんがためであり、したがってわたしは重い荷物を肩に背負っているようなものであった。

しかしながら、この仏法を弘めようという気持ちは、しばらく放下しよう。のちに来る、仏法を強力に宣揚できる時期を待つためである。当分のあいだ、雲のごとくに遊び、浮草のごとく寄り付きながら、先哲先人の家風に倣おうと思う」

建仁寺を出て深草に移ったころの気持ちを、道元はそう書いています。「弘法救生」ができなくなったから、しばらく「雲遊萍寄」しよう。言葉だけを見れば、道元は余裕綽々《よゆうしやくしやく》に見えますが、実際は彼は残念でならなかったのだと思います。せっかく如浄禅師から学んだことを、日本において誰も理解してくれないからです。

いまの引用は『弁道話』からです。道元はこれを、深草に移った年の翌年に執筆しています。すなわち寛喜三年（一二三一）の八月です。

わたしは前に、『普勧坐禅儀』が道元による新宗の立教開宗の宣言書だと言いました。それはそうですが、この『弁道話』だって立派な立教開宗の宣言書です。道元はこの書を独立の書物として書いたのですが、のちに『正法眼蔵』の中に入れられました。しかし、われわれはこれを独立の書として扱ったほうがよさそうです。

懐奘の弟子入り

道元は深草の地に蟄居《ちっきょ》しましたが、それでも追い追いに人が集まってきます。そこで道元は、この深草の地に坐禅のための専門道場を建立することを決意しました。

そして、天福元年（一二三三）春、観音導利院《かんのんどうりいん》と名づける一寺が建立されました。この寺は、のちに観音導利興聖宝林寺《こうしょうほうりんじ》（通称は興聖寺）と改名されています。

学者の推定によると、道元のもとに集まったグループは、最初は十数名程度であったようです。そのうち、注目すべきは文暦二年（一二三五）に門下に加わった孤雲懐奘《こうんえじょう》（一一九八―一二八〇）です。彼は道元より二歳年長です。

じつは懐奘は、それより六年前、道元がまだ建仁寺にいたときに訪ねて来ています。そして道元から教えを受け、その弟子になることを願ったのですが、しかし道元は建仁寺に居候の身です。だから、そのときは弟子入りは実現していません。道元が深草の地に拠点を確立したのちに、懐奘の弟子入りが実現したわけです。

ところで、懐弉は達磨《だるま》宗の覚晏《かくあん》（生没年不詳）の法嗣《はっす》です。達磨宗といった宗名はあまり知られていませんが、大日能忍《だいにちのうにん》が開いた禅宗です。彼もまた生没年不明ですが、栄西より少し年上の人であったと推定されています。

大日能忍は摂津国吹田《すいた》（大阪市東淀川区）の三宝寺に住していました。そして自己流で禅を学び、自分で悟りを開き、その禅を「達磨宗」と称して人々にすすめました。その結果、多くのファンを獲得したようですが、一方ではその禅が自己流であって、まともな師匠から受け継いだものでないことを、相当に謗《そし》られました。それで能忍は、文治五年（一一八九）に二人の弟子を宋に遣わして、自己の悟りを書面にして臨済宗楊岐《ようぎ》派の拙庵徳光《せったんとくこう》に提出します。徳光はそれを認めて、臨済宗の嗣書《ししょ》・血脈《けちみゃく》を与えました。

これによって、能忍の名声は高まりました。自己流の悟りが本場のお墨付きを得たのだから、当然のことです。能忍の弟子になる者が多くなり、達磨宗の教線が拡大します。

となると、読者が容易に想像されるように、旧仏教側からの弾圧が始まります。建久五年（一一九四）、比叡山の衆徒が禅宗の弘通停止の訴えをなし、朝廷はこれを認めて禅宗を禁止しました。この禅宗禁止のうちには、達磨宗だけではなく、栄西の禅宗も含まれています。

この弾圧の直後、大日能忍は遷化《せんげ》したようです。しかし、能忍の弟子の覚晏が大和国（奈良県）の多武峰《とうのみね》にあって、達磨宗を弘めていました。

道元の弟子となった懐奘は、この覚晏の弟子でした。したがって懐奘は、大日能忍の孫弟子にあたります。また、覚晏のもとで懐奘の兄弟弟子であった懐鑑《えかん》と、その懐鑑の弟子である徹《てっ》通《つう》義《ぎ》介《かい》（一二一九—一三〇九）が、のちに道元の門を叩いています。そして、道元の没後は、懐奘が永平寺二世となり、徹通が三世になっています。そうすると、達磨宗は道元の曹洞宗に吸収されたことになりそうです。

『正法眼蔵随聞記』

懐奘といえば、すぐに思い出されるのが『正法眼蔵随聞記』です。この書は、彼が師の道元の言葉を記録しておいたものです。

道元の主著は、もちろん『正法眼蔵』です。しかし、その『正法眼蔵』だって——この点については後述しますが——、じつは懐奘の編集によるものです。懐奘なかりせば、ひょっとしたら道元は忘れられた仏教者になっていたかもしれません。それほど懐奘の存在は大きいのです。危うく言い忘れるところでしたが、道元の没後に永平寺の伽藍を整えたのも懐奘でした。

ときどき、『正法眼蔵随聞記』は弟子のつくったものだから、道元がみずから執筆した『正法眼蔵』よりも価値が劣る。本当に道元を知りたいのであれば、『正法眼蔵』を読むべきだ。

そう言われる人がおいでになります。それはその通りです。が、なんといっても読みやすいのは『正法眼蔵随聞記』であって、取っ掛かりとしては『正法眼蔵随聞記』から始めてよいでしょう。それに、宗教家の場合、釈迦にしてもキリスト教のイエスにしても、みずから執筆した文献はなく、弟子によって書かれたものばかりです。わたしは、懐弉の存在を高く買っているので、『正法眼蔵随聞記』もすぐれた書物だと信じています。

ところで懐弉は、嘉禎二年（一二三六）十二月三十日に、興聖寺の最初の首座《しゅそ》に任ぜられています。首座というのは、禅林において修行僧を指導する最高の役職です。これは懐弉が道元の弟子となった翌年のことです。

　嘉禎二年臘月除夜《ろうげつじょや》、始《はじめ》て懐弉を興聖寺の首座に請《しょう》ず。即ち小参《しょうさん》の次《つい》で、初《はじめ》て秉払《ひんぽつ》を首座に請ふ。是れ興聖寺最初の首座なり。（『正法眼蔵随聞記』四・五）

〝秉払〟というのは、首座が住持に代わって説法することです。その秉払（説法）について、道元はこう語っています。

　当寺始《はじめ》て首座を請じ、今日初て秉払を行なはしむ。衆《しゅ》の少きを憂ふること莫れ。身の初心なるを顧みることなかれ。汾陽《ふんよう》は僅に六七人、薬山《やくさん》は十衆に満《み》たざるなり。然《しか》あれども皆仏祖の道《どう》を行じき。是を叢林《そうりん》のさかんなると云《い》いき。（同前）

「この寺に初めて首座を置き、今日初めて自分に代わって首座に説法させる。懐弉よ、しかしながら修行僧の少ないのを憂えてはいけない。初体験であることを心配する必要はない。宋の汾陽善昭の門下はわずか六、七人、唐の薬山惟儼《いげん》の門下は十人に満たなかった。しかし、それでも皆は仏祖の道を行じていた。それをもって禅林が盛んであると言われるのだ」

このように、興聖寺は少しずつ、道元の考える「仏教の道場」になっていったようです。

薪は薪、灰は灰

前述したように、天福元年（一二三三）春、深草の地に観音導利院（のちの興聖寺）が建立されましたが、その年の夏、道元は「摩訶般若波羅蜜《まかはんにゃはらみつ》」と題する示衆《じしゅ》を行っています。示衆とは、修行者大衆に法を説き示すことです。大衆といっても、おそらく十数人程度であったと思われますが、道元はこの示衆のための草稿をつくっています。即興の講義ではなく、ちゃんと準備された説法なんです。道元のこの態度には、頭が下がります。

そして道元は、その年の八月に、鎮西《ちんぜい》（九州）の俗弟子のために、「現成公案」と題する巻を書いて与えています。この「現成公案」こそ、道元思想の精髄を示すものです。〝現成〟とは、「いま目の前に現われ、成っている世界」という意味です。わたしがいま病気であれば、その病気の自分を生きるよりほかありません。〈早く病気が治るといいなあ……〉と考えたって、その病気の治った人は自分とは無関係の人です。そんな無関係の人はほうっておいて、いま目の前にある自分をしっかりと生きよ！　それが道元の主張なんです。

たき木、はひとなる、さらにかへりてたき木となるべきにあらず。しかあるを、灰はのち、薪《たきぎ》はさきと見取すべからず。しるべし、薪は薪の法位《ほうい》に住《じゅう》して、さきありのちあり。前後ありといへども、前後際断せり。灰は灰の法位にありて、のちありさきあり。かのたき木、はひとなりぬるのち、さらに薪とならざるがごとく、人のしぬるのち、さらに生《しょう》とならず。しかあるを、生《しょう》の死になるといはざるは、仏法のさだまれるならひなり。このゆゑに不生《ふしょう》といふ。死の生《しょう》にならざる、法輪《ほうりん》のさだまれる仏転《ぶつてん》なり。このゆゑに不滅といふ。生も一時のくらゐなり、死も一時のくらゐなり。たとへば、冬と春とのごとし。冬の春となるとおもはず、春の夏となるといはぬなり。（『正法眼蔵』「現成公案」）

「薪《たきぎ》は燃えて灰となるが、もう一度元に戻って薪になるわけがない。ところがわれわれは、灰は薪が燃えたのちの姿、薪は灰になる前の姿と見るが、とんでもない誤りである。薪は薪としてのあり方において、先があり後《のち》がある。前後があるといっても、その前後は断ち切れていて、あるのは現在ばかりである。灰は灰のあり方において後《のち》があり先がある。薪が灰となったのち、再び薪とならないように、人は死んだのち再び生《しょう》にならない。だから仏教的な表現においては、生が死となったと言ってはいけないのである。その故に不生と言う。死が生になると言わないのが仏教の表現だ。それ故に不滅と言う。生は一時のあり方であり、死も一時のあり方だ。たとえば冬と春のようなもの。世間の人は、冬が去って春が来たと思い、春が去って夏になったと思うであろうが、仏教の考え方からすれば、それはまちがっている」

薪は薪、灰は灰。生は生、死は死です。だからわたしたちは、生きているあいだは一生懸命に生きればよい。そして、死ぬときは一生懸命に死ねばよい。道元はそう教えてくれています。同様に、年寄りになれば、一生懸命老いを生きればよいのです。病気になれば、一生懸命病人を生きればよい。貧乏であれば、一生懸命貧乏人として生きればよいのです。とはいえ、それはそう簡単にできることではありません。どうしたらそういう生き方ができるでしょうか？

道元にそう問えば、

「身心脱落せよ！」

と教えてくれるでしょう。では、どうしたら身心脱落ができますか？　まあ、少しずつ道元に学ぶよりほかなさそうです。

『正法眼蔵』の編集

ともあれ道元は、天福元年（一二三三）に「摩訶般若波羅蜜」と題する示衆を行い、同じ年に「現成公案」を書いています。そして道元は、この「現成公案」を『正法眼蔵』全体の総論として第一巻に置き、第二巻に「摩訶般若波羅蜜」を、次いでそれ以後の示衆の草稿を集大成した著作をつくる構想を持ったようです。もちろん、最初の段階では、それが何巻になるか分かりません。わたしの知っているある大学教授が、毎年の講義録をのちにシリーズ本として刊行する予定でいましたが、道元も同じ考えでいたのでしょう。

その道元の構想には、『正法眼蔵』の名がつけられています。これまで、『正法眼蔵』「現成公案」

『正法眼蔵』「生死」

といったふうに引用紹介してきたのが、それです。

そして、『正法眼蔵』の最後の巻である「八大人覚《はちだいにんがく》」の草稿が執筆されたのは、建長五年（一二五三）でした。その「八大人覚」の奥書によると、道元は、彼がそれまでに制作したものをすべて書き改め、さらに新稿を加えて、全百巻の『正法眼蔵』を制作するつもりであったようです。弟子の懐弉がそのように記しています。

けれども、その構想は実現されませんでした。なぜなら、その年（建長五年）の八月二十八日に、道元は示寂しているからです。

だが、道元のその遺志は、弟子の懐弉によってある程度果たされました。

懐弉は、道元が示衆のためにつくった草稿を書写していたようです。そしてそこに「現成公案」を加えて、七十五巻の『正法眼蔵』を編集しました。その編集は、道元が没した翌々年の建長七年に完了しています。

ところが、七十五巻本の『正法眼蔵』の編集の終了後、道元が執筆して人に与えたものが多数あることが分かりました。また、道元が示衆のために用意したが、それを説法に使わずにおいたものも見つかりました。そのうちには、道元の真筆のものもあります。それらの新発見の巻を加えて、江戸時代になって永平寺三十五世の版橈晃全《はんぎょうこうぜん》（一六二七—九三）によって編集されたものが九十五巻本の『正法眼蔵』です。さらにこの九十五巻本は、永平寺五十世の玄透《げんとう》即中《そくちゅう》（一七二九―一八〇七）によって再編集され、大本山永平寺版として刊行されています。

ただし、いま述べたのは「仮字本《けじ》」と呼ばれる『正法眼蔵』です。これはかなまじり文で書かれています。この「仮字本」のほかに、漢文で書かれた「真字本《しんじ》」と呼ばれる『正法眼蔵』があり、こちらのほうは禅僧の挿話三百一題を集めたものです。三巻になって明治四年（一八七二）に刊行されました。

「正法眼」とは何か？

では、〝正法眼蔵〟とは、どういう意味でしょうか？

〝正法〟とは、仏の正しい教えです。あるいは仏教の正しい教えです。その正法は、文字に書かれて経典となって、蔵《くら》に納められています。それが「正法蔵」（正法を納めた蔵）です。

では、わたしたちは、その「正法蔵」から経典を取り出してきて、それを読めば仏教が分かるでしょうか？　経典のうちには、サンスクリット語やパーリ語で書かれたものもあります。あるいはチベット語に翻訳されたものもあり、漢文（中国語）のものもあります。もちろん日本語に訳されたものもあります。多くの人にとっては、外国語の文献はなかなか読めませんが、いちおうそれを読めたとして、経典や文献を読めば正しい仏教が分かるでしょうか？

いいえ、そうではありませんね。「日本国憲法」の第九条なんて、まったく無茶苦茶な解釈がなされています。あれは与党の政治家による欺瞞行為だから論外として、たとえば二二ページに引用した、

《やまこれやまといふにあらず、山これやまといふなり》

といった道元の言葉（『正法眼蔵』「山水経」）なんか、これを理解するには相当の智慧を必要とします。

いや、そもそも釈迦の説かれた教え――それが仏教です――は、対機説法でした。教えを説く相手の機根（性質と能力）に応じて、表現が違っています。怠け者には、「もっと真剣にやれ！」と説かれたし、過度にがんばっている人間には、「もっとゆったりとしなさい」と説かれました。そうするとわたしたちは、表面的な言葉だけでは釈迦の教えを理解できません。やはり相当の智慧を必要とします。

ちょっと蛇足になりますが、〝智慧〟と〝知恵〟は違います。知恵というのは世間的な知恵であって、端的にいえば損得の知恵です。しばしば他人をだまくらかすために使われます。それに対して智慧は、仏教の智慧です。ある意味では、ちょっと損をするための智慧といってもよいでしょう。この点に関して道元は、

その布施といふは不貪《ふとん》なり。不貪といふは、むさぼらざるなり。(『正法眼蔵』「菩提薩《ぼだいさっ》埵四摂法《たししょうぼう》」)

と言っています。布施は一般には他人に施し与えることですが、道元によるとそれはあまり欲深くならないことです。つまり自分にできるちょっとした損をすることだと思ってください。

それはともかく、正法を理解するためには智慧を必要とします。その智慧を、仏教では、

——眼——

と呼びます。したがって、「正法眼蔵」とは、

——正法を理解するために必要な智慧を納めた蔵——

といった意味です。これは道元の造語ではありません。禅の世界ですでに使われていた言葉です。

『護国正法義』

深草の地において、道元は『典座教訓』を執筆しました。これについてはすでに述べてあり

ますが、道元は宋に渡る前は、典座(禅寺の食事係)の仕事を、あまり高くは評価していませんでした。いや、雑用と考えていたようです。

しかし宋において、禅寺における修行というものが「生活禅」であることを知ります。行・住・坐・臥《が》のすべてが修行なんです。わたしたちが食事をいただくのも禅の修行であり、またその食事をつくるのも立派な禅の修行であります。これが道元にとっての大発見でありました。そこで彼は、典座から学んだことを本にしたのです。

それよりも重要なことは、深草時代に道元が、

——『護国正法義』——

なる一書を著して、朝廷に奉呈したことです。

じつはこの書は散佚《さんいつ》して現在に伝わっていません。また、他の道元の著書には、この書に対する言及がないので、その内容はまったく不明です。それ故、一部の学者はこの書の存在を疑っています。しかし、大久保道舟の『道元禅師伝の研究』によって、道元がこれを書いたことが定説になっています。大久保によると、その内容は栄西の『興禅護国論』と同趣旨のものです。

道元はこの『護国正法義』を後嵯峨天皇に献上し、天皇の奉覧を請うています。彼が伝えた正法——全一の仏法・正伝の仏法——を日本に弘め、それによって国を護ることを願い出たわ

けです。

そこで天皇は、これを比叡山の学僧たちに回します。

そうすると、まあ当然のことですが、天台宗の学僧たちは、道元の主張は、

「二乗の法門中の縁覚《えんがく》の所解《しょげ》」

と判定しました。小乗仏教のうちでも、縁覚（独覚《どっかく》ともいいます）の主張であって、無師独悟で〈俺は悟りを開いたぞ〉と自惚れて舞い上がっている者の言うことです、といった判定です。天台宗が道元をよく言うはずがありませんが、ちょっと酷い評価です。

ところで、その内容は正確には分からないながら、それが『護国正法義』と題されている以上、「護国」の思想が根幹にあることはまちがいありません。そして「護国」といえば、天台宗の専売特許です。だから天台宗は、

〈俺たちが伝統的にこの国を護っているのだ！　小童《こわっぱ》は黙っとれ！〉

と考えます。道元は『護国正法義』を書いて朝廷に提出したことにより、またしても天台宗からの強い反撥《はんぱつ》を買ってしまいました。

如浄禅師の『語録』が届く

寛元元年（一二四三）五月、比叡山の衆徒がいきなり興聖寺に押しかけて来て、法堂《はっとう》と僧堂の一部を破壊しました。僧兵たちは興聖寺にいた修行僧たちに危害を加えることはなかったのですが、彼らは道元を威嚇して、深草の地から早々に立ち去ることを求めました。

これは天台宗からの弾圧です。

なぜ弾圧を受けねばならなかったか？　いま述べたように、『護国正法義』の執筆がその一因に数えられます。しかし、それよりも、興聖寺が大きくなり過ぎたのが最大の原因だと思われます。

道元が深草の地に移ったのは、寛喜二年（一二三〇）でした。最初は安養院に仮寓していましたが、前にも述べたように、三年後の天福元年（一二三三）には興聖寺を建立し、そこに移っています。おそらく十数人の弟子がいた程度であったでしょうが、天台宗の僧兵が押しかけて来た十年後には、たぶん百人以上の門弟がいたはずです。もしも興聖寺の規模が小さいままであったら、天台宗のほうでもそれを無視したはずです。だが、興聖寺は、これを無視できないまでに発展したのでした。

比叡山の衆徒が興聖寺に押しかけて来た二か月後、道元は深草を発《た》って越前に向かいました。歴史家は、これを「北越入山」と呼びます。

このように書くと、北越入山の理由が天台宗からの圧迫だけにあるように聞こえますが、それだけではありません。そもそも人間の行動には、いろいろな理由が重なっています。天台宗からの弾圧は、その一つにすぎません。

ほかの理由は、その前年の仁治三年（一二四二）八月五日、道元のもとに宋国から、師の如浄の説法集である『天童浄和尚語録』が届いたことでしょう。『永平広録』（第一・一〇五「天童和尚語録到上堂」）によると、道元はその喜びをあらわすために、その翌日わざわざ上堂して、この語録を捧持して大衆とともに三拝し、説法をしています。

そして彼は思い出しました。十五年前、道元が宋を去るにあたって、師の如浄が彼に贈った餞《はなむけ》の言葉——実際は誡めの言葉——を。それはこの章の初めに紹介してありますが、煩を厭わずもう一度掲げておきます。

城邑聚落《じようおうじゆらく》に住すること莫《なか》れ。国王大臣に近づくこと莫れ。只《ただ》、深山幽谷に居して、一箇《いっこ》半箇《はんこ》を接得して、吾宗をして断絶に至らしめること勿れ。（『建撕記』）

よく読んでください。如浄は道元に、

——政治権力に近づくな！——

——大衆を教化しようなんてことは考えるな！——

と誡めているのです。ところが道元は、その反対をやっています。『普勧坐禅儀』を執筆して天台宗に喧嘩を売り、『護国正法義』を朝廷に呈して政治権力に近づいています。彼は国王大臣に近づいて、その政治権力の庇護の下に国民大衆を教化したかったのです。貴族（政治家）の家系に生まれた道元にして当然の動きかもしれませんが、これは師の如浄の訓誡に反する行動です。『天童浄和尚語録』の到来によって、道元は自分のあやまちに気づきました。それで彼は北越入山して、「一箇半箇の接得」に挺身することを考えました。

わたしはこれも、道元の北越入山の大きな動機であったと思います。

東福寺と円爾

もう一つの理由も考えられます。それは、深草に近い所に東福寺が建立されたことです。この東福寺は、九条道家（一一九三―一二五二）の発願《ほつがん》によって建立されたものです。九条道家は辣腕の政治家でしたが、それよりも九条家は、道元の出身である久我《こが》家とは何代にもわたる政敵でした。しかも九条道家は、その東福寺の開山に聖一国師円爾《しょういちこくしえんに》（一二〇二―八〇）を迎えました。彼の生年に注意してください。円爾は道元より二歳年下です。

円爾は、最初は倶舎や天台などの正統の仏教を学び、さらに禅を学んだ上で入宋し、臨済禅の無準師範《ぶじゅんしばん》の法を嗣いで帰国しました。だから曹洞禅の道元とは肌が合いません。その上、帰国後の円爾の説く禅は、純一なる禅ではなく、天台・真言・禅の三宗を併存させたものです。そして、それが支配階級の人々から歓迎されました。支配階級の人々が求めていたのは、高邁な理想ではなく、要するに現世利益でしかなかったのです。円爾は宮中に招かれ、また聖一国師と諡《おくりな》されています。これは、日本における禅僧に対する最初の国師号です。

こうしてみると、円爾はまさに国王大臣に近づいた禅僧です。

それを見て、道元はどう思ったでしょうか？

道元自身が国王大臣に近づくことを考えていたのだから、円爾を見て道元はやや自己嫌悪におち入りながら、円爾に反感を持った。内心、忸怩《じくじ》たるものを感じながらの反感です。

かつてのわたしはそう考えましたが、最近では違うことを考えています。道元が『護国正法義』を著して朝廷に呈したのは、当時の仏教者としては当然の行動だと思います。いや、日本においては、現代にいたるまで（現代においても「宗教法人法」の設立認可を得なければ、税制面での特典が受けられません）宗教は国家の管理下におかれています。

問題は、道元は国家権力に近づこうとしたが、国家のほうでは道元を拒否し、円爾を認めたことです。認められるためには、円爾のほうはだいぶ節を曲げています。道元は、円爾のその態度を〈汚ない〉と思い、〈自分はああはならないぞ〉と決意したと思います。その結果の北越入山ではなかったでしょうか。

＊

もちろん、北越の地に移るには、その土地に何らかの縁（えにし・ゆかり）がなければなりません。ただ足の向くままに出掛けるわけにはいきません。

じつは、越前（福井県）志比《しひ》の庄には、そのころ道元の外護者になっていた波多野義重《はたのよししげ》の知行地がありました。彼は鎌倉幕府の有力な御家人でしたが、その彼が道元にそこへ移るように熱心にすすめました。それによって道元は、興聖寺の後事は弟子の詮慧《せんね》にまかせて、自分は志比の庄に移住しました。寛元元年（一二四三）七月十七日に、道元は深草の地を出発しています。越前に着いたのは七月末でした。

第5章

道元の北越入山

永平寺の建立

前にもちょっと計算しましたが、ここで道元の動きと、「居場所」について瞥見《べっけん》しておきます。在住期間は足掛けの年数です。

十四歳……比叡山で出家。
十五歳……比叡山を去る。
〈比叡山在住期間……二年〉
十八歳……建仁寺で明全の弟子となる。
二十四歳……入宋。
〈建仁寺在住期間……七年〉
二十六歳……身心脱落。
二十八歳……帰国。建仁寺に掛錫。
〈入宋期間……五年〉
三十一歳……深草に移る。

〈建仁寺在住期間……四年。入宋前を合わせると十年〉
四十四歳……北越入山。
〈深草在住期間……十四年〉
五十四歳……示寂。
〈北越在住期間……十一年〉

道元といえば、誰もが北越の永平寺と思うのですが、彼が北越にいた期間はそれほど長くはありません。むしろ深草時代のほうが長かったのです。また永平寺（ただし、最初は別名）が建立されたのは彼の四十五歳のときですから、永平寺在住期間は足掛け十年にしかなりません。ちょっと意外ですよね。

＊

〝越《えつ》〟といえば、中国では浙江省の別称です。そして道元の師の如浄は、その越＝浙江省の出身。だから道元は、先師の故郷と同名の越の国に下ることを喜んでいます。もっとも、これは痩せ我慢といえば痩せ我慢に違いないのですが……。
入越した道元は、最初は波多野義重の知行地内にあった吉峰寺《きつぽうじ》（福井県吉田郡永平寺町吉峰）に掛錫しました。約一年間、道元は吉峰寺に寓居するのですが、そのあいだも『正法眼蔵』の示衆が精力的に続けられています。まるで彼は、自分の短命を予知していたかのようです。

そして翌年の寛元二年（一二四四）九月一日、新しい寺院が落成します。道元はこの寺を「吉祥山大仏寺《きちじょうざんだいぶつじ》」と命名しました。この大仏寺が「永平寺」と改称されたのは、二年後の寛元四年六月十五日です。

天に道ありてもって高清
地に道ありてもって厚寧
人に道ありてもって安穏。
所以《ゆえ》に世尊降生して、一手は天を指し、
一手は地を指し、周行七歩して云《のたまわ》く、
「天上天下《てんじょうてんげ》、唯我《ゆいが》独尊《どくそん》」
世尊、道《い》えることあり、これ恁麼《かくのごとく》なりといえども、永平、道うことあり、大家、証明すべし。
良久《やや》しくして云《いわ》く、
「天上天下、当処永平《とうしょえいへい》」

これは、『永平広録』(第二・一七七)にある、「大仏寺を改めて永平寺と称する上堂〈寛元四年丙午六月十五日〉」の道元の説法です。

この〝永平〟というのは、中国、後漢の明帝《めいてい》の時代の元号です。伝説によれば永平十年(六七)に、中国に初めて仏教が伝わったとされています。インドから中国に仏教が伝わり、そして中国から日本にわたしが正しい仏法を伝えたのだ、といった道元の自負が、この〝永平〟の二文字に籠《こ》められています。

だから彼は、釈迦世尊が生誕のときに七歩を歩み、一手は天を指し、もう一手は地を指して、

「天上天下、唯我独尊」

と道破されたように、わたしもまた、

「天上天下、当処永平」

と言おうと宣言しています。ここが永平だ! ここが仏教の原点だ! 天上天下に向かって、道元はそう宣言したのです。

あらゆる人の絶対平等

では、道元はなぜ北越入山をしたのでしょうか？

前にはその動機を追究しましたが、次にはその目的です。それは、まちがいなく、

――一箇半箇の接得――


のためです。師の如浄が彼に、一人でもいい、一人が無理なら半人でもいい、後継者を養成して、正伝の仏教、全一の仏教を存続させよ、と命じた、その使命を果たすための北越入山でした。それはまちがいありません。

じつはそのために、道元は大きく主義・主張を変えています。

深草時代の道元は、次のように言っていました。


人人《にんにん》皆な仏法の器《き》なり。かならず非器なりと思ふことなかれ。依行《えぎよう》せば必ず証《しよう》を得べきなり。既に心あれば善悪を分別しつべし。手あり足あり合掌《がつしよう》歩行にかけたる事あるべからず。しかあれば仏法を行ずるには器をえらぶべきにあらず。人界《にんがい》の生《しよう》は皆な是れ器量なり。

（『正法眼蔵随聞記』四・一二）


［人はみな仏法の器である。自分はその器でないと思ってはならない。修行すれば必ず悟りが得られる。誰しも心があるのだから、善悪が分別できるはずだ。手足があれば合掌し、歩

行ができないわけがない。したがって、仏法を行ずるには器量は関係ない。人間たる者はすべて器量がある」

ここで道元は、人間の絶対的平等を主張しています。出家／在家の区別は、その絶対的平等の前では問題にならないのです。

したがって道元は、また女性を差別することはありません。

仏法を修行し、仏法を道取せんは、たとひ七歳の女流《にょりゅう》なりとも、すなはち四衆《ししゅ》の導師なり、衆生の慈父なり。たとへば龍女《りゅうにょ》成仏のごとし。供養恭敬《くようくぎょう》せんこと、諸仏如来にひとしかるべし。これすなはち仏道の古儀なり。(『正法眼蔵』「礼拝得髄《らいはいとくずい》」)

「仏法を修行し、仏法を説法できる者は、かりにその人が七歳の女子であっても、比丘《びく》・比丘尼《びくに》・優婆塞《うばそく》・優婆夷《うばい》の四衆《ししゅ》でもって構成されるサンガ（仏教教団）の導師であり、迷える衆生の慈父なのである。その人は龍女《りゅうにょ》が成仏したようなもの。その人に対して、諸仏如来に対すると同じように供養し恭敬せよ。これが仏道の古来からの伝統である」

四衆というのは、出家者の男女である比丘と比丘尼、在家信者の男女の優婆塞と優婆夷です。道元は、サンガは出家者だけではなく、在家の信者でもって構成されていると考えていました。龍女成仏というのは、『法華経』の「提婆達多品《だいばだつたほん》」に出てくる話です。龍女はたんに女性であるというだけではなく、畜生（動物）です。人間にあらざる畜生までもが成仏できると、『法華経』は言っています。それにもとづいて道元は、その成仏した者がたとえ七歳の幼女であっても、われわれはその人を敬わねばならない、と主張しています。

この段階にあって道元は、出家／在家の区別なく、男性／女性の区別なく、年齢の差なんか考えず、あらゆる人の絶対平等を主張していたのです。

道元の転向

ところが、北越入山後の彼は大きく転向しました。ちょっとその主張を聞いてみましょう。

三世十方諸仏、みな一仏としても、在家成仏の諸仏ましまさず。……衆生の得道、かならず出家受戒によるなり。おほよそ出家受戒の功徳、すなはち諸仏の常法なるがゆゑに、その功徳無量なり。聖教《しょうぎょう》のなかに在家成仏の説あれど正伝《しょうでん》にあらず、女身《にょしん》成仏の説あれどまたこれ正伝にあらず、仏祖正伝するは出家成仏なり。（『正法眼蔵』「出家功徳」）

［過去・現在・未来の三世の諸仏、十方世界にましますの諸仏のうち、一仏として在家の身のままで成仏した仏はおられない。……衆生が悟りを得るのは、必ず出家し受戒するからである。出家・受戒は仏法の常法であるから、その功徳は無量なのだ。仏典のうちには、在家のままで成仏できると説いたものもあるが、それは正しい教えではない。仏祖が正伝した教えは、出家成仏である］

いまだ出家せざるものの、仏法の正業《しょうごう》を嗣続《しぞく》せることあらず、仏法の大道を正伝せることあらず。（『正法眼蔵』「三十七品菩提分法《さんじゅうしちほんぼだいぶんぽう》」）

［いまだ出家しない者が、仏法の正しい修行を相続したことはなく、仏法の大道を正伝したことはない］

おほよそ一代の仏説のなかに、出家の功徳を讃歎《さんだん》せること、称計《しょうけ》すべからず。釈尊誠説《じょうせつ》し、諸仏証明《しょうみょう》す。出家人の破戒不修《はかいふしゅ》なるは得道す、在家人の得道いまだあらず。（同前）

［釈迦世尊の生涯にわたる説法の中で、出家の功徳が讃歎されていることは言うまでもない。釈迦が力説され、諸仏がそれを証明している。出家をした者は、破戒をしても、また修行をしなくとも悟りを得る。だが、在家の人間で悟りを得た者は、いまだかつてない」

おほよそ仏法東漸《とうぜん》よりこのかた、出家人の得道は稲麻《とうま》竹葦《ちくい》のごとし。在家ながら得道せるもの、一人もいまだあらず。（同前）

［仏教がインドから中国、そして日本に伝わって以来これまで、出家した者が得道した例は数限りなくある。しかしながら、在家の人間で得道した者は一例もない」

この激変ぶりは一体何なのでしょうか……？　これを見て、われわれは啞然とするばかりです。

出家者とは何か？

一般に道元は「出家至上主義者」になったと言われています。たしかに、出家をしなければば悟りは得られないという彼の主張を、そのように名づけることもできます。しかし問題は、「出家者」というものをどう定義するかにかかわっています。

インドの本来的な意味での出家者は、今日の日本でいわれている「ホームレス」です。男性の場合でいえば、妻子や父母、眷属を捨てて家を出て、職業も持たず、食べ物は托鉢に頼って生活していました。また、一定の住居を持たず、遊行生活が基本でした。ただし、雨季の三か月は、どこかに安居《あんご》（定住）しました。しかし後世になると、インドでも出家者（僧侶《そうりょ》、僧ともいいます）が僧園に定住するようになりました。

ところが、仏教が中国に伝わると、僧のあり方が大きく変わります。仏教が中国に伝わって以後、仏教寺院は基本的に大きな国家権力によって支配されています（もちろん、乱世もありました）。そして、中国の仏教僧は、この国家権力によって支配されています。中国では皇帝による仏教弾圧が数回ありましたが、このとき仏教僧は全員が還俗《げんぞく》させられています。ということは、国家の承認がなければ、出家できないわけです。そりゃあ、そうですよね。出家者となれば税金を払う必要はありませんから、国家とすれば無闇矢鱈《むやみやたら》と出家されては困りますよね。出家者は、国家の管理下におかれていたのです。

そして日本になれば、古代においては僧（出家者）はいわば国家公務員でした。まず、国家の試験に合格しなければ、僧になれません。試験に合格せず、自分勝手に税金を遁《のが》れるために出家した者を私度僧《しどそう》と呼びますが、彼らは見つかり次第、強制的に還俗させられています。そのかわり、試験に合格して官僧となれば、生活費は全部国家が面倒を見てくれ、地位・ポストも昇進します。そして僧の仕事は、国家の安泰を祈ることでした。古代においては、僧が俗人のために説法すれば、罰せられることになっていました。ここには、近代でいう宗教者のイメージはありませんよね。

中世になると、少し事情が変わります。僧は国家公務員ではなくなり、宗派の本山が僧を取り締まることになります。宗派の本山は大きな荘園を持っていますから、自分の宗派に属する僧の面倒は全部本山が見てくれます。したがって、中世の僧は国家公務員ではなくなったものの、大きな公共団体の従業員的性格になりました。つまりは、

——僧という職業——

になったのです。そして、その性格は現代にも受け継がれています。現代日本の僧は、結婚して妻子を持ち、家に住んで、僧という職業に就いて所得税を払っています。こんな出家者がいるでしょうか？　現代の日本には、一人の出家者、僧もいないといってよいでしょう。

『永平清規』

だいぶ脱線していると思われそうですが、道元を「出家至上主義者」と呼ぶのであれば、そもそも「出家者」とはどういう人をいうのか、を考えておかねばなりません。ときに僧侶の方（結婚もし、僧という職業を持った在家の人間）で、

「坐禅もしない奴に『正法眼蔵』が分かるか?!」

と、高飛車に言われる方がおいでになりますが、道元は決して現代日本にいる僧侶（という職業人）を出家者と見ていたわけではありません。そういう職業人のやる坐禅なんて、道元は「坐禅」とは認めないでしょう。道元を「出家至上主義者」と呼ぶのであれば、その点を誤解しないでください。

では、道元はどのように考えたのでしょうか……?

前にも述べましたが、道元のいう禅は「生活禅」なんです。行・住・坐・臥《が》のすべてが禅でなければなりません。坐禅だけが禅ではありません。歩く禅もあれば、眠るという禅だってあるはずです。人間の行動のすべてが禅でなければならない。だから食事をつくる行動（それをするのが典座《てんぞ》です）も禅の修行であり、その食事をいただく行動もまた禅でなければならない

のです。

したがって、道元が考えたのは、わたしは、

——フル・タイムの出家者——

だと思います。一日二十四時間を出家者として生きるのがフル・タイムの出家者です。糞をするのも禅なんですね。

それに対して現代日本にいるお坊さんは、

——パート・タイムの出家者——

です。一日のうちの特定時間を出家者として振る舞っているわけです。あとの時間は酒を飲んだり、セックスをしたり……。いや、もう悪口もほどほどにしておきましょう。

このフル・タイムの出家者の日常生活（洗面から手洗い、楊枝の使い方にいたるあらゆる面）を縛るために、その生活指導書として、道元は、清規《しんぎ》をつくっています。〝清規〟とは、禅宗寺院における日常生活に関する規則です。

その内容は、以下の六篇からなります。

1『典座教訓』……制定年次は嘉禎三年（一二三七）です。

2『対大己《たいたいこ》五夏《ごげ》闍梨《じゃり》法《ほう》』……五年以上の先輩に対する礼儀作法の規定。寛元二年（一二四四）の制定。

3 『弁道法』……僧堂における坐禅修行に関する規定。制定年次は不詳。

4 『日本国越前永平寺知事清規』……知事というのは寺院の管理運営にあたる幹部です。永平寺には六知事が置かれています。都寺《つうす》（事務長）・監寺《かんす》（事務次長）・副寺《ふうす》（会計係）・維那《いの》（儀典係）・典座（食事係）・直歳《しっすい》（建物の修繕や土木係）。そのうちの監寺・維那・典座・直歳の四知事の職務分担と心構えがここで規定されています。寛元四年（一二四六）の制定。

5 『赴粥飯法《ふしゆくはんぽう》』……食事作法に関する規定。制定の年次は不明。

6 『吉祥山永平寺衆寮箴規《しゆりようしんぎ》』……寮中に住む一般修行僧に対する訓誡。宝治三年（一二四九）に制定。

制定年次の不明のものもありますが、前後を見るとその年次はほぼ推測がつきますので、ここでは制定された順に並べてあります。そうすると、最初の『典座教訓』だけが深草の興聖寺における制定で、あとは道元の北越入山以後の制定です。なお、この六篇の清規は、寛文七年（一六六七）に『永平道元禅師清規』（略称は『永平清規』）としてまとめられ、刊行されました。

そして注意してほしいのは、この『永平清規』はフル・タイムの出家者に対する禅林の日常生活の規定であって、決してパート・タイムの僧に対するものではないということです。この点を、多くの研究者が見落としているのではないでしょうか。

フル・タイムの修行僧の養成

北越入山以後の道元を、「出家至上主義者」になったと評するのはまちがいではありません。しかし、その出家者というのを、現在の日本にいる職業的僧侶（パート・タイムの出家者）のイメージで捉えるのはまちがいです。道元が言っている「出家者」とは、結婚もせず、住居も持たず、職業も持たず、ただひたすら修行に明け暮れる、フル・タイムの修行僧です。

では、なぜ道元はそのような修行僧（フル・タイムの僧）を養成したいと思ったのでしょうか？

もちろん、「弘法救生《ぐほうぐしょう》」――仏法を弘めて衆生を救う――が大事でないとは言えません。それは大事なことです。大事なことだから、道元は粉骨砕身、そのための努力をしてきたのです。でも、それをするのは自分の仕事ではない――と、『天童浄和尚語録』（いわゆる『如浄語録』）の到来によって、改めて道元は気づいたのです。師の如浄が道元に期待したのは、「弘法救生」ではありません。そうではなくて、「一箇半箇の接得」です。だから彼は深草を去って、北越に入山したのです。

「弘法救生」を第一にすれば、仏法そのものが歪められる虞《おそ》れがあります。大衆に仏法を布教するためには、あまりむずかしいことは言わずにおいて、人々がやりやすいように仏法をレベル・ダウンしてしまう危険があります。そのような仏教者が多いのです。たとえば円爾がそうでした。比叡山でも建仁寺でも、大勢の僧たちは堕落しています。

〈これじゃあ、だめだ!〉

と、道元は初心に戻ったのです。

そのための北越入山でした。わたしはそのように推測しています。

食事の仕方

では、フル・タイムの修行僧を養成するには、どうすればよいでしょうか? それは、——釈迦世尊が在世のころにインドにあった理想の修行道場——を日本につくることです。もっとも、道元はインドに行ったことがないのですから、これは彼の頭の中での想像したものです。まあ、彼が体験した中国の仏教寺院が少しはそれに近いかもしれません。しかし、中国の仏教寺院だって、日本と同じように腐敗・堕落したものが多かった。わずかに先師如浄が在住されていた時代の天童山が、道元にとって理想の修行道場に近いものだったのではないでしょうか。

それから、わたしは「修行道場」を強調しています。修行道場だけがあっても、実際にそこで弟子が悟りを開かねば意味がないのではないか、といった疑問も呈されそうです。この点についてはあとでまた述べるつもりでいますが、道元は、

――修証一等《しゅしょういっとう》（修行と証《さと》りが同じもの）――

と言っていますから、二十四時間修行に明け暮れる修行僧さえいれば、悟りは問題にならないのです。だから、フル・タイムの修行僧の養成だけを、道元は考えたのでした。

このフル・タイムの修行僧の生活指導をしたものが、前にも述べた『永平清規』です。そこで道元は、洗面・手洗い・楊枝の使い方、トイレの使用法などを細かに定めています。

ちょっとおもしろいことを道元が言っているので、紹介します。引用は『赴粥飯法』からで、講談社学術文庫『典座教訓・赴粥飯法』の中村信幸訳を使わせていただきます。なお、〝粥〟は禅林における朝食で、〝飯〟が昼食です。十二時以後の午後は、僧は原則として食事ができません。

昼、ご飯をいただく法。必ず鉢をささげ持って口に近づけて食べ、鉢を鉢単《はったん》の上に置いたまま口を鉢のほうへもっていって食べてはならない。……

さて、遥か西天竺《さいてんじく》（インド）の仏の教えた作法を調べてみると、如来もその弟子も、右手でご飯をまるめ取って食べていたのであり、匙《さじ》や箸《はし》は用いていなかった。このことは、仏弟子たるものの当然知っているべきことである。諸《もろもろ》の天子、転輪聖王《てんりんじょうおう》、諸国の王などもやはり、手でご飯をまるめ取って食べていたのであって、このことからも、尊ぶべき作法であることがわかるであろう。西天竺では、病気の僧だけが匙を使い、その他はみな直接に手を使ったのであって、箸に至っては名を聞いたこともなければ、形を見たこともなかったのである。箸は中国以来の国々で用いられているだけである。なのに今ここで箸を用いるのは、わが国の習慣に従うがためである。われわれが仏の児孫《じそん》であるからには、仏の教えた作法に従って直接に手を使ってご飯を食べるべきではあるが、その作法は久しいあいだ忘れ去られていたため、本来の作法を尋ねるべき師がいない。そこでしばらく、匙や箸を用い、また鐼子《くんす》（小鉢）を用いることにするのである。

インド人である釈迦世尊は、箸や匙を使わず手でもって食事をされたのであるから、仏弟子たる者は本当は箸や匙を使ってはいけないのであるが、正しい手の使い方を教えてくれる人がいないので、禅林においても仕方がなく箸を使うことにする。道元は苦しい言い訳をしています。しかしわたしは、手を使おうと、箸やナイフ、フォークを使おうと、そんなことは仏教の実践には関係がないと思います。それぞれの国にそれぞれの習俗・習慣があるのですから、それに従っていればいいのです。

乞食について

けれども、日本人には晩酌の習慣があるから、夕食のときに酒を飲んでも差し支えはない、とはなりません。出家者は「不飲酒戒《ふおんじゅかい》」を守らねばならないからです。その不飲酒戒は在家の仏教者にも適用されるのではないか、と、言わないでください。これについてはいろいろ弁解したいところですが、はい、はい、しっかり反省させていただきます。

それにしても、いささか道元に文句を言いたいことがあります。それは、

――乞食《こつじき》――

に対する道元の考え方です。乞食というのは、僧が人家で食を求めて托鉢することです。これには、釈迦の時代には二大原則がありました。

常乞食……常に托鉢によって得られた食物を食べること。

次第乞食……貧しい家を敬遠し、施しをくれそうな金持ちの家にのみ乞食に行くようなことはせず、貧富の別なく順次に托鉢に歩くこと。

この乞食を道元は無視したのです。彼は次のように言っています。

問て曰く、仏教のすゝめに随はゞ乞食《こつじき》等を行ずべきか如何《いか》ん。

答ふ、然《しか》あるべし。たゞし是れは土風《どふう》に随《したがつ》て斟酌《しんしゃく》あるべし。なにても利生《りしょう》も広く我が行《ぎょう》もすゝまんかたにつくべきなり。是らの作法、道路不浄にして仏衣を着《じゃく》して経行《きんひん》せばけがれつべし。亦人民貧窮《びんぐう》にして次第乞食《しだいこつじき》もかなふべからず。行道も退きつべく利益《りやく》も広からざらんか。只土風《どふう》をまぼり尋常に仏道を行じ居たらば、上下の輩《とも》がら自《おのずか》ら供養を作《な》し、自行化他《じぎょうけた》成就せん。（『正法眼蔵随聞記』一・二〇）

「問うて言う、仏教のすすめに従えば、乞食などを行ずべきか、どうか。
答え、その通りである。ただし、これは、その土地の風習に従って考えるべきだ。何を行うにも、衆生の利益になり、自分の修行が進むことを考えるべきである。乞食を作法通りにすれば、道路が汚ないとき法衣を着て歩けば法衣がよごれるであろう。また民衆が貧しい場合は、次第乞食ができない。それをあえて乞食すれば、修行も後退し、衆生の利益も失われる。ただ土地の風習を守って普通に仏道修行していれば、上も下も人々は自然に供養してくれ、それが自分のためにもなり人々のためにもなる」

乞食に歩けば、道路が汚ないときは法衣がよごれるから困る、と道元は言っていますが、これは変な理屈ですよね。僧の着ている衣は、もともと糞掃衣《ふんぞうえ》といって、ごみとして捨てられた布類を洗って縫い合わせたものです。釈迦の時代のインドの出家者たちは、そんな糞掃衣を着ていました。よごれて困るような僧衣、袈裟を着ている中国や日本の僧のほうがおかしいのです。

貧民が多いから、日本では乞食ができないと道元は言っています。これもおかしいのです。貧民が多いから乞食するのです。金持ちはどっさり寺院に寄進してくれます。そんな多額の金を持たない貧しい人たちが、たった一食の布施をするのです。

昔、こんな話を教わりました。東南アジアの難民キャンプでは、仏教僧は員数外になっていて、国連からの給食を受けないそうです。キャンプに収容された難民たちは、僧に施す物を持っていないので、彼らが受けた給食のほんの一部を僧に施すのです。僧が国連からの給食を受けると、難民たちは僧に布施ができなくなってしまいます。

それが布施であり、乞食なんです。道元は根本的な勘違いをしています。

一般論の通じない土地柄

いささか厳しい批判を加えてしまいました。しかし道元の名誉のために言っておくなら、彼はいまわたしが述べたようなことは知らなかったのではありません。『正法眼蔵随聞記』（一・一六）に、次のような道元の言葉があります。

示して云く、学道の人衣糧《ひとえりよう》を煩ふこと莫れ。只仏制を守《まもり》て、世事を営むこと莫れ。仏の言《のたまわ》く、衣服《えぶく》に糞掃衣《ふんぞうえ》あり、食《じき》に常乞食あり。いづれの世にか此の二事の尽《つく》ること有《あら》ん。

［このように説示された。学道の人は衣食の心配をすることはない。ひたすら仏の教えを守って、衣食住を得るための営みをするな。仏が言われた、「衣服には糞掃衣があるではないか、食べる物は常乞食によって得られるではないか。いかなる世になろうと、糞掃衣と常乞食がなくなることはない」と］

にもかかわらず、先の道元の発言になるのです。いったいどういうわけでしょうか。

おそらく、この「学道の人、衣食の心配をするな！」は、道元は一般論として発言しているのでしょう。一般論としては、道元は繰り返しこのことを言っています。『正法眼蔵随聞記』から引用します。

学道の人は最も貧なるべし。（三・四）

学道の人は先須《まず》く貧なるべし。財おほければ必ず其の志《こころざし》を失ふ。（三・一一）

衣食《えじき》の事は兼《かね》てより思ひあてがふことなかれ。若《も》し失食絶烟《しつじきぜつえん》せば、其の時に臨《のぞん》で乞食《こつじき》せん。（五・一二）

学道の人、衣食を貪ることなかれ。人人《にんにん》皆食分《じきぶん》あり、命分《みょうぶん》あり、非分《ひぶん》の食命《じきみよう》を求《もとむ》るとも得べからず。（六・三）

最後の引用にある〝食分〟〝命分〟というのは、その人に与えられた一生のあいだに食べる食糧の合計、またその人の天寿といった意味です。三歳で亡くなる童児は三年分の天寿を、八十三歳で亡くなる人は八十三年分の寿命を仏から授かっているのです。そして、そのあいだ食べる食糧も、ちゃんと仏が保証してくださっているはずだ。しかし、自分に与えられていないものを得ようとしても、それは非分であって無理だよ。そういう意味です。

一般論としては、僧はこれでよいのです。明日の生活の心配をする必要はありません。いざとなったら、ボロ切れを拾って来て糞掃衣を作ればよいし、食べる物がなくなれば乞食に歩けばよいのです。

だが、永平寺ではそうはいきません。

道元は永平寺をトレーニング・センターと考えています。一箇半箇の養成所なんです。だとすれば、そこに入った修行僧の生活は保証されていなければなりません。食べる物がなくなれば托鉢に歩け、というわけにはいきません。永平寺の冬の雪はひどいものです。あの雪の中で托鉢には歩けませんよね。だから一般論は通用しないのです。

道元が「土風」(土地柄)によると言ったのは、よく分かります。

臨済に対する評価

もう一つ、北越入山後の道元の思想の「激変」を見ておきましょう。それは、唐の禅僧の臨《りん》済義玄《ざいぎげん》（？―八六六）に対する評価の変化です。

臨済院慧照《えしよう》大師は、黄檗《おうばく》の嫡嗣《ちやくし》なり。黄檗の会《え》にありて三年なり。純一に弁道するに、睦州陳尊宿《ぼくしゆうちんそんしゆく》の教訓によりて、仏法の大意を黄檗にとふこと三番するに、かさねて六十棒を喫す。なほ励志《れいし》たゆむことなし。大愚《だいぐ》にいたりて大悟することも、すなはち黄檗・睦州両尊の教訓なり。祖席の英雄は臨済・徳山といふ。しかあれども、徳山いかにしてか臨済におよばん。まことに臨済のごときは群《ぐん》に群せざるなり。そのときの群は、近代の抜群よりも抜群なり。行業《ぎようごう》純一にして行持抜群せりといふ、……。（『正法眼蔵』「行持《ぎようじ》」上）

［臨済義玄は、黄檗希運《おうばくきうん》（？―八五〇ごろ）の正統な後継者である。黄檗の会下にあること三年。純一に修行していたが、睦州の陳尊宿（睦州道明。生没年不詳）の教えを受けて、仏法の大意を黄檗に三度問い、そのたびに六十棒を喫した。それでも志は揺らぐことなく、大愚（高安大愚。生没年不詳）の下にいたって大悟した。それも黄檗と睦州の教えによってである。仏祖のうちの英雄は臨済と徳山だと言われているが、しかしながら徳山がどうして臨済に及ぼうか。まことに臨済は抜群中の抜群の禅者である。しかも、その当時の群は、現代の抜群よりもさらに抜群。それ故、臨済こそ、行業純一の禅者、行持抜群というべきであ

る……」

ものすごい褒めようです。これが北越入山以前の道元の臨済に対する評価。

それが北越入山以後どう変わったか、です。

> 黄檗の仏法は臨済ひとり相伝せりとおもへり。あまりさへ黄檗にもすぐれたりとおもへり。またくしかにはあらざるなり。臨済はわずかに黄檗の会《え》にありて随衆《ずいしゅ》すといへども、陳尊宿《ちんそんしゅく》すゝむるとき、「なにごとをとふべしとしらず」といふ。大事未明のとき、参学の玄侶として、立地聴法せんに、あにしかのごとく茫然とあらんや。しるべし、上《じょう》上《じょう》の機にあらざることを。また臨済かつて勝師の志気《しいき》あらず、過師の言句《ごんく》きこえず。黄檗は勝師の道取あり、過師の大智あり。仏未道《ぶつみどう》の道《どう》を道得せり、祖未会《そみえ》の法を会得せり。黄檗は超越古今《ちょうおつここん》の古仏なり。百丈よりも尊長なり、馬祖よりも英俊なり。臨済にかくのごとくの秀気あらざるなり。(『正法眼蔵』「仏経《ぶつきょう》」)

「黄檗の仏法は臨済一人が相伝したと世間の人は思い、あまつさえ臨済が黄檗よりも勝れているると思っているようだ。そうではない。臨済は黄檗の門下にやっとのことで加えられたのであり、しかも陳尊宿がすすめたとき、師に何を問えばよいか分からなかったと言われている。悟りが得られぬ前には、参学者は教えを聴聞する機会はいくらでもあったはずなのに、なにをあのように茫然としていたのか。知るべし、臨済が上々の機根でないことを。また臨済には、師に勝る志気もなく、師に勝る言句がない。黄檗には、師に勝る言葉があり、大智があり、いまだ仏が説法せざる説法をし、祖師の会得しなかった法を会得した。黄檗こそ古今を超越した古仏である。百丈懐海《ひゃくじょうえかい》（七四九―八一四）よりも勝れ、馬祖よりも英俊である。だが、臨済には、このような秀気はない」

なんという変わりようでしょうか。まったくがっくりさせられてしまいます。

日本における最もユニークな仏教者

しかしながら、これは臨済義玄という一人の禅僧に対する評価の変化というよりも、道元の臨済宗に対する失望・落胆といったほうがよさそうです。いや、臨済宗に対してというより、いわゆる禅宗に対する道元の態度の変化です。

なるほど道元は、曹洞宗の人間です。彼は、曹洞宗の如浄から嗣法《しほう》しています。

しかし、中国においては、臨済宗・曹洞宗といった区別は、それほど判然としてはいません。前にも述べたように、ある寺院に臨済系の住持が入れば、その寺は臨済宗になる。曹洞系の住持が入れば曹洞宗になる。それだけのことです。現に如浄の入寺する前の天童山は、臨済系の寺でした。

それからまた道元は、自分は曹洞宗の人間だとは思っていません。前にも言いましたが、彼は〝禅宗〟といった言葉さえ嫌っています。自分が伝える仏法こそ、真の仏法・全一の仏法だとする自負があったのです。

ところがそこに、円爾が臨済系の禅宗を伝えてきました。しかも円爾の提唱する臨済宗は、純粋の禅宗ではなく、前にも述べたように天台・真言・禅の三宗を併存させたものです。道元からすれば「紛《まが》い物禅」です。その紛い物禅が、日本では幅を利かせます。

〈これじゃあ、ダメだ！〉

と道元が思ったのは当然です。

そこで道元は、彼の考える真の仏法・純一の仏法を実践してくれるフル・タイムの修行者を養成するために、京都を遠く離れた北越の地に移ったのです。

その道元が、いわゆる禅宗、臨済宗に対して、

〈そんなものは真の仏法にあらず！〉

と評価を下すのは、当然の話です。

そうすると、次にはその臨済宗の開祖とされる臨済義玄に対する評価が変化します。臨済宗の人々が担ぎ上げる臨済なんて、大した人物じゃないよ、となるのです。あまりの激変ぶりにわれわれは驚かされますが、その気持ちは分からないでもありません。

＊

まあ、ともあれ道元は、いろいろと心境の変化があっての上での北越入山です。その地において、彼はフル・タイムの仏教者であることを志し、またフル・タイムの仏教者となろうとする人間を育てようとしました。これは、これまでの日本の仏教者の考えなかったことです。その意味において、道元は日本における最もユニークな仏教者といえるでしょう。

第6章

鎌倉に下向する

国家権力との関係

道元は政治権力から離れることにしました。前に引用した、

城邑聚落《じょうおうじゅらく》に住すること莫《なか》れ。国王大臣に近づくこと莫れ。(『建撕記《けんぜいき》』)

といった、師の如浄の言葉に忠実に生きるためです。そのための北越入山でした。

この政治権力との関係は、日本においては特別なものがあります。

まず、六世紀の半ば――五五二年説と五三八年説があります――に、朝鮮半島の百済《くだら》から日本に仏教が伝来したとき、国家・対・国家の関係で伝わって来ているのです。すなわち百済の聖明王《せいめいおう》(?―五五四)がわが国の皇室に使者を派遣してきて、いまの情勢ではどの国も仏教を信奉しているから、日本でも採用されたらいかがですか、と、進言してきたのに端を発しています。地続きの国であれば、まず信者が入って来るのが宗教の伝来になりますが、海洋国家である日本では、信者のいない仏教伝来、したがって国家権力による仏教の受容になるわけです。この点が日本の特殊性です。

そして、このことは前にもちょっと触れましたが、最初期の仏教僧はいわば国家公務員でした。それを「官僧」と呼びます。僧侶が官僚だったのです。

それから、仏教が発祥した土地である古代インドは豊かな国でした。太陽エネルギーに恵まれていて、一年に二度も三度も稲作が可能です。インドが貧しくなったのは、イギリスの植民地になって、徹底的に搾取されたからです。

だから豊かなインドでは、民衆が直接に僧に布施・供養できます。僧は基本的には民衆に依存して生活できるのです。

ところが、中国や日本になると、ちょっと事情が異なります。インドにくらべて太陽エネルギーが少ないばかりか、逆に治水事業の必要性が増大します。インドにおいては雨季の河川の氾濫は、まあほったらかしになります。対応の仕様がないのです。しかし、中国や日本においては、大きな国家権力が治水事業に取り組みます。中国大陸の場合は、大きな河川は水源から海に流れ込むまでに一か月以上もかかるのですが、日本の河川は雨が降って海に流れ込むまでに四、五日です。誰かが言っていましたが、日本の河川は「まるで滝のようである」と。けだしその通りです。だから治水事業がなくてはなりません。

そうすると、大きな国家権力は、民衆から収奪することによって維持されるのです。ということは、国家が繁栄しても、収奪された国民は貧しいわけです。その状況は、現代日本においても変わりませんね。

わたしの言いたいことは、もうお分かりですよね。日本では、国家権力と結びつかずしては、何事もできないのです。インドであれば、民衆が直接にお坊さんに布施するところを、日本では国家が民衆から収奪し、その金でもってお坊さんを養い、管理しています。

そのような日本において、道元は、

《国王大臣に近づくこと莫れ》

という師の言葉を実践しようとしたのです。それがどれほどむずかしいことか、読者もよくよく認識していただきたいと思います。

道元の鎌倉下向

ところが、せっかくわたしが道元を褒めあげたのに、道元はちょっと意外な行動をします。宝治元年（一二四七）八月、道元は永平寺を下山し、鎌倉に行きました。そして翌年の二月に永平寺に帰山しました。約半年ばかりの鎌倉滞在です。

道元が北越入山したのは寛元元年（一二四三）だから、四年ぶりの離山です。いったい、何のために道元は鎌倉に行ったのでしょうか？

時の執権、北条時頼《ほうじょうときより》（一二二七―六三）からの招請によるものです。同時に、道元の外護者であった波多野義重からの招きもありました。義重は鎌倉幕府の御家人で、六波羅探題の評定衆でした。承久の乱の墨俣《すのまた》の戦いでは、右目に矢を受けながらも大活躍したことが語り継がれています。

道元は北越入山に際して、義重から多大な恩誼を受けています。だからその懇請があれば、彼は鎌倉に行かざるを得なかった。そのように説明する学者もいます。

それはそうかもしれません。だが、道元の鎌倉下向は、いささか気になる行動です。

亦ある人勧《すす》めて云く、仏法興隆のために関東に下向すべしと。答《こたえ》て云く、然らず。若《も》し仏法に志しあらば、山川紅海を渡りても来て学すべし。其の志ざし無《なか》らん人に往き向ふて勧むるとも、聞き入れんこと不定《ふじょう》なり。只我が資縁のために人を誑惑《おうわく》せんか、亦財宝を貪らんがためか。其れは身の苦しみなればいかでもありなんと覚ゆるなり。（『正法眼蔵随聞記』二・七）

［また、ある人が、仏法興隆のために関東に下向すべきではないかとすすめた。答えて言った、そうではない。もし仏法に志を持つ人があれば、山川紅海を渡ってでもや

って来て、修学すべきだ。その志を持たない人に、こちらから行ってすすめたところで、聞き入れるかどうか分からない。そのようなことをするのは。自分の仏道修行のための衣食住を得るために人をまどわかそうとしているか、あるいは財宝を貪っているか、である。それはわが身を苦しめることになるから、やってはならないことだと思う」

北越入山前には、道元はこのように言っていました。にもかかわらず、道元のほうから鎌倉に行ったのです。これは明らかに前言取り消しか、公約違反です。

多くの研究者が、道元のこの行動に首を傾《かし》げています。

武士政権に対する道元の感情

いささか遠回りになりますが、ちょっと鎌倉幕府について考えてみましょう。

わたしたちは昔、建久三年（一一九二）に源頼朝（一一四七―九九）が征夷大将軍に任じられたときをもって、鎌倉幕府が成立したと教わってきました。これを「公権委譲論」といいます。すなわち、朝廷が頼朝に権利を委譲したという見方です。

だが、最近の歴史教科書では、文治元年（一一八五）に頼朝が全国に守護・地頭を置くことを朝廷に認めさせたことをもって、鎌倉幕府の成立としているそうです（山本博文ほか『こんなに変わった歴史教科書』新潮文庫）。この見方は、公権委譲論とは反対の、武士は朝廷に対抗しつつ、みずから権力を掌握したとするものです。この後者の見方のほうが、わたしは道元の感情に近いと思います。

というのは、前に触れましたが道元は貴族の出です。そして鎌倉幕府は武士政権。この武士あるいは軍人というものは、本質的に暴力団員です。武士・軍人を暴力団員と呼ぶのは反感を買いそうですが、暴力団が私的な目的のための集団であるのに対して、武士や軍人は公的目的のための集団です。それだけの違いで、彼らが振るうのが本質的に「暴力」であることにまちがいはありません。

そして貴族は武士を軽蔑しています。貴族にとって武士は家来であり、使用人でしかないのです。その使用人が成り上がって、いっぱしの権力を確立する。貴族にすれば、「偉そうな顔をするな」といった気持ちになります。貴族の出である道元にすれば、そういう感情が湧き出てくるのは無理ありません。それが、

《若し仏法に志しあらば、山川紅海を渡りても来て学すべし》

——おまえのほうからやって来い——

の言葉になったのだろうと思います。

けれども、北越入山したとき、道元は京都を捨てました。正確には京都を追われたと言うべきでしょうが、道元のプライドからすれば、〝京都を捨てた〟となります。

京都を捨てたということは、朝廷とその朝廷と結びついている天台宗や真言宗を見限ったことになります。

そうすると、武士政権に対する道元のアレルギーは少なくなります。

彼は「全一の仏法」を提唱しています。その主張の裏には、天台宗や真言宗は本物の仏法ではない。その本物の仏法でない既存の旧仏教を支持する朝廷はまちがっている。しかし、そういう伝統の柵《しがらみ》のない武士政権であれば、ひょっとしたらわたしの主張が分かってくれるかもしれない……。といった淡い期待が兆すでしょう。

その期待――万々が一の希望――が、道元をして鎌倉下向を決意させたのではないでしょうか。わたしはそう思います。

道元の期待が裏切られる

しかし、道元の期待は裏切られました。

その期待が大き過ぎたからです。

別段、鎌倉幕府が道元を冷たくあしらったわけではありません。

この武士政権は、禅宗に対して好意的でした。天台宗から弾圧された栄西の臨済宗に庇護を与えたのは、鎌倉の武家政権です。また、宋から帰朝した円爾を援助したのも鎌倉幕府です。さらに北条時頼は、中国から来日した禅僧の蘭渓道隆《らんけいどうりゅう》（一二一三—七八）に帰依し、建長五年（一二五三）には鎌倉に建長寺を建立し、蘭渓を開山にしています。もっとも、この建長五年は道元の示寂の年にあたりますが……。

なぜ、武家政権は禅宗に帰依したのでしょうか？　それは、武士は死と隣り合わせに生きているからです。そのような武士にとっては、天台宗や真言宗のような貴族的な仏教はまどろっこしく感じられ、打てばポンと響く禅宗のほうが、彼らを引き付けたのだと思われます。だから、道元は、鎌倉幕府に少しは期待を持っていました。天台・真言よりも禅に傾倒している武家政権のほうが、自分の提唱する「全一の仏法」に理解を示してくれるのではないか。道元はそう考えていたのでしょう。

幕府は、とくに北条時頼は道元を尊敬し、彼に援助を与えようとしました。だが、それは、「ワン・オブ・ゼム（one of them）」（たくさんの中の一つ）としての援助です。栄西や円爾を支援したように、道元よ、ひとつそなたにも寺を建てて進ぜよう……といった申し出がなされます。道元にとって、それは不本意な申し出です。

〈自分は、そのようなものを求めて、わざわざ鎌倉に来たのではないよ〉と言いたくなります。そして道元は、その申し出を断りました。

しかし、道元の気持ちは分からないでもありませんが、彼の希望を叶えることは無理ですよね。他の宗派は全部捨てて、ただ道元だけを支援する。個人であればともかく、朝廷であれ武家政権であれ、そんなことはできっこありません。政治というものは、所詮、バランス・オブ・パワー（勢力均衡）の上に成り立っているものだからです。

＊

ともかく道元は鎌倉幕府に失望し、宝治二年（一二四八）三月十三日に永平寺に帰山しました。

そして翌日、永平寺の修行僧たちに次のような上堂説法をしています。『永平広録』（第三・二五一）から、現代語訳のみで紹介します。

昨年の八月三日、わたしは山を下りて、俗弟子たちに説法するために鎌倉に行った。そして昨日、山に戻った。このことを不審に思う者がいるかもしれない。いくつもの山を越えて川を渡って俗弟子のために説法に行くのは、在家を重んじ出家を軽んじているのではないか、と。また、これまでわたしが説いたことのない教え、あなたがたの聞いたことのない教えを、わたしが説いてきたのではないかと疑う者もいるかもしれない。そんなことはない。彼らのためには、善をなせば天に昇り、悪をなせば地獄に堕《お》つ、因果の道理を明らめて、瓦を捨て玉を取れ、と説くのみであった。これは、わたしがこれまでずっと説き続けてきたことではないか。

そう語ったあと、道元は次のように結んでいます。最後の二行だけ、原文をも示しておきます。

山僧出で去る半年の余。なお孤輪の太虚に処《お》るがごとし。今日山に帰れば雲、喜びの気あり。山を愛するの愛は初めよりも甚だし。

［わたしが山を去っていた半年余、月が孤独に虚空にかかるがごとくであった。今日、山に帰れば、雲までが喜び迎えてくれる。わたしの山を愛する気持ちは、山を出たときよりも深まった］

鎌倉における道元

だが、鎌倉にいたときの道元の気持ちは、そんなに暗いものではなかったと思います。あんがいのびのびとやっていたのではないでしょうか。

永平寺は厳しい修行センターです。いかに道元といえども、フル・タイムの修行僧相手に、緊張のしっぱなしであったでしょう。それが鎌倉に来て、在家信者相手に法を説くのだから、どこか心の余裕があります。ひょっとしたら、こちらの道元のほうが本来の姿ではなかったでしょうか。わたしにはそう思えてなりません。

ちょっと余談になりますが、釈迦の入滅前後の様子を書いている初期の経典に『マハーパリニッバーナ・スッタンタ』があります。そこに描かれている釈迦は、侍者のアーナンダ（阿難）だけを従えて、のんびり、ゆったりと旅をしています。出家者の弟子たちとはほとんど接触せず、ただ在家信者だけを相手にやっているのです。その姿が、わたしには鎌倉の道元を思わせるのです。

それはともかくとして、話を元に戻せば、『永平広録』（第十・七七）には、

相州鎌倉に在って驚蟄《けいちつ》を聞いて作る（在二相州鎌倉一聞二驚蟄一作）

といった偈《げ》頌《じゅ》が収録されています。

半年飯《はん》を喫す白衣《びゃくえ》の舎、
老樹の梅花、霜雪の中。
驚蟄《けいちつ》一声、霹靂《びゃくれき》轟《とどろ》く、
帝郷の春色、小桃《しょうとう》紅《くれない》なり。

［ここ半年、在俗の家に逗留《とうりゅう》するに、
老樹の梅花が霜雪のうちに開く
まさに啓蟄《けいちつ》の日、一声の雷鳴が轟き、
帝都の春景は桃花《とうか》紅《くれない》なり］

北越の春は遅いのです。わたしは四月の末に永平寺に招かれたことがありますが、それでも残雪が積み上げられていました。それにくらべて鎌倉は暖かい地です。陰暦二月の啓蟄《けいちつ》（〝驚蟄〟といった表記もあります）の日、太陽暦だと三月六日ごろになりますが、地中の虫が動き出し、梅が花を開かせます。京都を離れて五年ぶりに春の鎌倉に来た道元です。その春を彼はゆったりと楽しんでいたようです。

また、鎌倉の地で、道元が北条時頼（あるいは時頼の北の御方）の依頼で詠んだとされる和歌が十首ありますが、そのうちの一首が、

春は花夏ほととぎす秋は月、冬雪さえてすずしかりけり

です。ただし、別の刊本では、

春は花夏ほととぎす秋は月、冬雪きえですずしかりけり

になっています。〝きえで〟は「消えず」の意味です。どちらでもいいでしょうが、一般には〝冬雪さえて〟で親しまれています。

二千石の寄進

この鎌倉下向の後日談があります。『建撕記』に記事が載せられています。

師越前に帰りて後、最明寺殿《さいみようじどの》、願心を遂んが為に、越前国六條堡、二千石の所を、永平寺の領に、寄進ありけれども、師ついに受られず。玄明首座《げんみようしゆそ》と申僧《もうす》、この寄進状を将《もつ》て、使ひせられしなり。彼《かの》堡御寄進を歓喜して、衆中に触れありき玉ふを、師聞玉ひて、この喜悦の意、きたなしとて、すなはち寺院を擯出《ひんしゆつ》し、玄明の坐禅の牀《しよう》までも截取《きりと》りたりと云伝ふ。前代未聞の事なり。

［道元禅師が越前に帰られたのちのことである。最明寺殿（北条時頼）は、仏法への願心の故に、越前の国の六条の砦《とりで》にある二千石の土地を永平寺に寄進されたが、禅師は最後までそれを受け取られなかった。そこで玄明という僧が使者となって、この寄進状を持ち帰ることになった。玄明は大喜びでその寄進状の件を人々に触れ歩いていたが、それをお聞きになった禅師は、その喜びまわる心が汚ないとして、すぐさま彼を破門にして寺を追い出し、その

上玄明が坐禅していた牀《ゆか》までも截《き》り取られたのであった。前代未聞の大事件である」

この事件は、『建撕記』が、

《前代未聞の事なり》

とコメントしているように、いささか奇妙な事件です。

北条時頼は、道元に二千石の土地の寄進を申し出ました。しかし道元は、それを辞退して、そのまま永平寺に帰ってしまった。それで、おそらく残務整理のために鎌倉に留まっていた玄明という弟子に、寄進状を届けさせました。玄明は永平寺に帰って、

「二千石もいただきましたよ」

と、寄進状を大勢の僧に見せて回ります。それを知った道元は、玄明を追放し、あまつさえ玄明が坐禅していた牀《ゆか》まで切り取ってしまったのです。

道元には、どこか神経質な面があります。やはり貴族の出だからなんでしょう。この事件における道元の行動は、やはりヒステリックと評するよりほかありません。

しかし、道元の気持ちは分からないでもありません。

彼にはもともと武家政権に対する蔑視があります。だから時頼が、「二千石の寄進をしたい」と申し出たとき、「ありがとう」と受け取れないのです。道元は辞退したまま永平寺に帰

りました。

だが、北条時頼にすれば、いったん出したものを、「あげます」「要りません」では引っ込められません。だから弟子に寄進状を持たせてやります。では、道元はその寄進状を突っ返すことができるでしょうか？　そこまですれば、もう喧嘩も同然です。幕府からどういう仕返しを受けるか、ひょっとしたら永平寺は潰されるかもしれません。なにせ永平寺の外護者（スポンサー）であった波多野義重は、鎌倉幕府の御家人です。時頼から「永平寺を潰せ！」と命じられれば、そうするよりほかないでしょう。

だから道元は、二千石の寄進を受け取るほかなかったのです。

それであれば、静かに受け取りたかった。

にもかかわらず、弟子の玄明が騒ぎまくる。

道元が腹を立てる気持ちは、分からないでもありません。

かといって、玄明が悪いのではありません。玄明の気持ちも分からないではありません。

人間の感情の行き違いって、ままあることですよね。

今後は永平寺を離れない

ところで、二千石の土地の寄進といえば、いったいどれくらいの価値があるのでしょうか？　ちょっと下世話な計算をしてみます。

これは江戸時代においての話ですが、人間一人に一年間に必要な米の量は一石とされています。でも、一人が一年間に一石の米を食べるというのではなく、衣食住のすべての生活を賄う経費が米一石の値段に相当するわけです。そうすると、二千石だと二千人が一年間生活できるわけです。

だが、そういう単純計算は成り立ちません。二千石の土地というのは、その領地から二千石の米が収穫できるということです。しかし、その収穫を得るためには、そこに農民がいなければなりません。その農民の取り分を除いたあとが、地主の取り分です。地主の取り分はどれくらいでしょうか？　江戸時代においては、全国平均で四公六民（藩が四割、農民が六割）といわれています。永平寺は、江戸時代の藩主のようなあこぎな収奪はできませんから、その取り分は二割五分から三割といったところでしょう。

そうすると、二千石の土地からは五百石から六百石の収入が得られるわけです。つまり、五、六百人の僧が養えることになります。

もっとも、寺院を維持するためには、伽藍の維持のほか、仏像や仏具、経典の購入、その他もろもろの費用がかかりますから、五、六百石をまるまる僧侶の生計費だけにあてるわけにはいきません。だとすれば、二千石で養える僧侶は二、三百人ということになりますか。それにしても、二千石は莫大な寄進ですよね。玄明が大喜びするのは無理もありません。それを憎む道元のほうが、ちょっとおかしいかもしれません。

＊

それやこれやを合わせて、鎌倉下向は失敗でした。道元は深く反省します。

師五百年際、この吉祥山を離れずと云ふ誓約ありと、今に申し伝ふ。九月十日衆に示して云く。今従尽未来際《いまよりじんみらいさい》、永平老漢、恒常人間《ごうじょうにんげん》に在り、昼夜当山の境を離れず。国王の宣命を蒙《こうむ》ると雖《いえど》も、亦《また》誓ひて当山を出《いで》ず。

［禅師には、今後五百年のあいだ、この吉祥山永平寺を離れないことを誓われた、という言い伝えがある。建長元年（一二四九）九月十日の示衆で言われた。今後は来世、来々世の果てまでも、この永平寺の老漢は人間界に生まれて、昼夜をとおして当永平寺の境内を離れない。たとえ国王の勅命を蒙ることがあっても、誓って当山を出ない］

『建撕記』にはそのような記事があります。これは悲壮とも評すべき決意です。

どうも道元には、未来について誓約する癖があります。

しかし、キリスト教のイエスは、

《一切誓いを立ててはならない》（「マタイによる福音書」5）

と言っています。未来は神の権限に属するものであって、人間がどうこうできるものではないからです。

いや、釈迦世尊だって、たとえば在家信者から、「明日、拙宅に来てください」と招待を受けたとき、行けない場合ははっきりと「ノー」と言っておられます。しかし、招待に応ずる場合は、約束をされません。

《尊師は沈黙をもって諾《うべな》われたり》

と仏典にあります。黙っておられるのです。もしも「行く」と約束しておいて、どうしても行けなかった場合（未来には何が起きるか予想がつきません）、それが嘘をついたことになるからです。

五百年後のことを誓約する道元は、大丈夫なんでしょうか……？

第7章

京都における示寂

『正法眼蔵』の最後の巻

建長四年（一二五二）の夏安居《げあんご》のころから、道元は自分のからだの変調を感じています。おそらく、北越の厳しい風土が、彼の肉体を蝕《むしば》んだのではないでしょうか。

道元は、自分の死期が近いことを予感したのかもしれません。その年の暮れから翌年にかけて、結果的には『正法眼蔵』の最後の巻となる、

――「八大人覚《はちだいにんがく》」の巻――

を示衆しています。奥書によると、この巻が制作されたのは、建長五年正月六日でした。

「八大人覚」は「八・大人・覚」です。つまり、「大人《だいにん》として覚知すべき八つのこと」の意です。〝大人〟というのは、いわゆる「おとな」ではありません。ただ生物学的な意味で成長しただけのおとなではなく、仏教的な意味で真に人間としてふさわしい人物、別の言葉でいえば「菩薩《ぼさつ》」と呼ばれるのが大人です。

そしてこの巻は、その大部分が『仏垂般涅槃略説教誡経《ぶつしはつねはんりやくせつきようかいきよう》』、一般に『仏遺教経《ぶつゆいきようぎよう》』と呼ばれている経典からの引用です。この経典は、釈迦世尊が入滅される直前に説法された教えをまとめたものとされています。もちろん、それは歴史的事実ではありません。ずっと後世の人々が、

そういうフィクションでもってつくった経典です。

で、その八大人覚とは、

1　少欲……自分がいまだ満足していないものを満足させようとしないこと。
2　知足……すでに得たものであっても、それを受け取るに限度をもってする。
3　楽寂静《ぎようじやくじよう》……喧噪《けんそう》の場所を離れて、独り静かな場所に居する。
4　勤精進《ごんしようじん》……もろもろの善きことに間断なく勤める。
5　不忘念《ふもうねん》……教えを守って失念しないこと。
6　修禅定《しゆぜんじよう》……教えを心に留めて乱れないこと。
7　修智慧《しゆちえ》……仏法を聞き、法の道理を思い、仏道を修し、仏の悟りを得るのが智慧。
8　不戯論《ふけろん》……悟りを開いて分別を離れるのを戯論（無益な議論）を離れるという。

の八つです。

そして道元は、こう言っています。

このゆゑに、如来の弟子は、かならずこれを習学したてまつる。これを修習《しゆじゆう》せず、しらざらんは仏弟子にあらず。（『正法眼蔵』「八大人覚」）

［この故に、如来の弟子は、必ずこれを習学すべきである。これを学ばず、知らざる者は仏弟子にあらず］

そして、弟子の懐奘が、

《此れ釈尊最後の教勅《きょうちょく》にして、かつ先師最後の遺教なり》

と記しています。この「八大人覚」は、釈迦世尊の遺言であると同時に、道元の遺言でもあるのですね。偶然にそうなったのですが、それにしてもよくできた偶然です。

「病は気から」

建長四年（一二五二）の夏安居のころに発病した道元は、翌年になっても治りません。むしろ病状は日に日に重くなります。

それを知った外護者の波多野義重は道元に、上洛して療養せよと進言します。

道元はそれを受け容れて、建長五年の八月に永平寺を後にして京都に向かいました。

その前に、七月十四日に彼は永平寺の住持職を懐奘に譲っています。

ということは、「今後は永平寺を離れない」と誓った、あの勇ましい誓約の取り消しです。

いや、道元はかつてはこんなことを言っていました。

示して云く、学道の人は後日をまちて行道せんと思ふことなかれ。……行道をさしおきて、病を治《じ》するをさきとして後に修行せんと思ふは非なり。（『正法眼蔵随聞記』六・八）

〈病気が治ったら、修行に励もう〉と思ってはいけない、というのです。そして、道元はこんな話をしています（『正法眼蔵随聞記』五・一六）。

宋の大慧宗杲《だいえそうこう》禅師（一〇八九―一一六三）は、あるとき、尻に腫物《しゆもつ》（腫瘍《しゆよう》）が出来たので医師に見せた。すると医師は、「これはひどい」と言う。大慧は、「ひどいというのは、死ぬ危険もあるのか？」と問う。医師は、「その危険が大きい」と答えた。すると大慧は、

「もし死ぬのであれば、いよいよ坐禅をしよう」

と言って、そのまま坐禅を続けた。それで腫物がつぶれて、さしたることはなかった。

この話をしたあと、道元はこんなふうに語っています。

病は心に随《したがつ》て転ずるかと覚《おぼ》ゆ。……我もそのかみ入宋の時、船中にて痢病せしに、悪風出《いで》来て船中さはぎける時、やまふ忘れて止《とま》りぬ。是《ここ》を以て思ふに学道勤労《ごんろう》して他事を忘る

れば、病も起るまじきかと覚《おぼゆ》るなり。

［病気は心の持ちようによって変わってくると思われる。……わたしも往時、入宋のときに船中で痢病（激しい下痢）にかかったが、嵐になって船中が騒ぎ始めると、下痢が止まってしまった。そうしてみると、仏道修行に集中して他のことを忘れてしまえば、病にならないのではないかと思われる］

俗に「病は気から」と言います。道元はそのことを言っているようです。

しかし、若いころは、ある程度は精神論も通じます。道元の生涯は五十四年でしたから、五十四歳を老年と呼ぶのはおかしいかもしれませんが、それが天寿であれば彼は老年に達していたのです。若いころのように、精神論ではいきませんよね。ちょっと道元に同情します。

前言取り消し

もう少し道元を弁護しましょう。

われわれは道元の誓約取り消し——今後、五百年間永平寺を離れず、の前言を取り消したこと――を問題にしていますが、病気の場合はちょっと事情が違うかもしれません。現代でいえば、救急車で病院に運ばれるようなものです。

先程引用した（一七〇ページ）、『正法眼蔵随聞記』の、《行道をさしおきて、病を治するをさきとして後に修行せんと思ふは非なり》の直前で、道元自身が次のように言っています。

病も治《じ》しつべきを、わざと死せんと思ひて治せざるも外道の見《けん》なり。仏道の為には命を惜むことなかれ。亦惜まざることなかれ。より来らば灸治一所煎薬一種なんど用ひん事は、行道の障りともならじ。

［治るべき病気を、わざと死ぬことを考えて治療しないのは邪道の考え方だ。仏道のために命を惜しんではならない。が、惜しまないのもよくない。必要であれば、灸を一つすえる、煎薬を一服するのは、仏道修行の妨げにはならない］

道元は永平寺がいやになって逃げ出したのではありません。病気療養のために、いったん永平寺を離れたのです。病気が治って再び永平寺に戻ることができたら、何の問題もなかったのです。

でも、不幸にして永平寺に戻ることはできなかった。

しかし、病気が治らなかったのは、道元の責任ではありません。

そこまで彼に責任を負わせるのは気の毒です。わたしはそう思います。

＊

ちょっと脱線になりますが、ここで言っておきたいことがあります。

われわれが病気になって医者にかかると、治療にのめり込んでしまうことです。それが問題なんです。

現代においては、がん患者がそうです。少なからざるがん患者が、まるでがんを治すことが生き甲斐、人生の目的であるかのように治療に専念しています。そして患者に、

「あなたは、がんが治ったら、何がしたいですか？」

と問えば、いろいろ答えますが、そのたいていはがん患者のままでもできることなんです。

わたしたちは病気を治すために生きているのではありません。道元は病気の治療も必要だと言いますが、しかし、ちょっとでも医者の治療を受けると、ついつい治療にのめり込む場合が多いですね。そこの見極めが大事です。大慧宗杲のように、治療をしないことも考えていいのではないでしょうか。

永平寺を出る

建長五年（一二五三）八月五日、道元は永平寺を出発しました。
その出発の前に、偈頌《げじゅ》を詠んでいます。

十年飯を喫す永平寺、
七箇《か》月来って病牀《びょうしょう》に臥《ふ》す。
薬を人間《じんかん》に討《たず》ねて暫《しばら》く嶠《きょう》を出づ、
如来に手を授して医王に見せしむ。（『建撕記』）

「永平寺で十年のあいだ、仏飯をいただいた、
最後の七か月（一説に十か月）は病床に臥した。
薬を求めて山を下りる、
如来の導きにより医者に見てもらうためだ」

道元は、波多野義重が手配してくれた輿《こし》に乗りました。

道元に随伴したのは懐弉と寂円《じゃくえん》です。

寂円は中国人です。かつて天童寺にあって、如浄の侍者の一人に加えられていました。道元に傾倒し、道元が日本に帰るとき、自分を弟子として一緒に日本に連れて行ってくれと願い出ました。けれども道元は、寂円の願いを断りました。あなたには、師の如浄の世話をする仕事があるのではないか、といった理由からです。

だが、如浄は、道元が日本に去ってまもなく入寂しました。宋の宝慶三年（一二二七）七月十七日です。道元が出航して半月もたたないときです。それで寂円は、その年の暮れに日本にやって来て、道元の弟子となりました。

以後、寂円は道元とともに行動し、深草から北越へと、そしてこのたびの上京にも随行したのです。

彼ら一行は木ノ芽峠で休憩をとりました。木ノ芽峠は越前（福井県）南条郡と敦賀との境にある峠です。古来、ここは街道の難所と言われています。

『道元禅師和歌集』には、道元がそこで詠んだ次の歌が収録されています。〝木部山《きのめやま》〟とあるのは木ノ芽峠です。

草の葉にかどでせる身の木部山《きのめやま》、雲にをかある心地こそすれ

この木ノ芽峠で、道元は見送りに来た徹通義介と別れました。彼は、前にも言いましたが、懐弉のあとを継いで永平寺三世となった高弟です。

道元の遺偈

京都において、道元が寄寓したのは五条通りに近い高辻西洞院にある覚念の邸宅でした。到着してすぐに道元は医師の手当てを受けました。が、もはや手遅れであったと思われます。ただでさえ重い病状なのに、旅の疲れもあったのでしょう。道元は輿に乗っての移動ですが、あの輿というもの、健康な人でも疲れます。ましてや道元は病人です。旅はさぞかし大変だったでしょう。さらに旧暦八月とはいえ、残暑がきびしい年でした。いろいろと悪条件が重なっていました。

『道元禅師和歌集』には、

御入滅之年八月十五夜、御詠歌に云、

と詞書《ことばがき》のある左の歌が載っています。

又見んと思ひし時の秋だにも、今夜《こよい》の月にねられやはする

八月五日の木ノ芽峠での詠歌から、たった十日後です。道元はもうくたくたになっています。道元の入滅は八月二十八日、寅の刻（午前四時ごろ）でした。彼の遺偈《ゆいげ》は次のものです。

五十四年　照第一天
打箇踍跳　触破大千
咦
渾身無覓　活陥黄泉

五十四年、第一天を照らす。
箇《こ》の踍跳《ぼっちょう》を打し、大千を触破《しょくは》す。
咦《いい》。
渾身覓《もと》むるなし、活《い》きながら黄泉《こうせん》に陥《お》つ。

［五十四年　わたしは最上天を照らしてきた。
打坐により一箇を躍動させ　俗界を破砕した。

　ああ。
　この身はすでに消滅　生きながら黄泉に住む」

禅僧の遺偈は、うまく訳せないで困ります。その遺偈に、禅僧の生涯が要約されているからでしょうか。

五十四年間　身心脱落したわれは天界にいた
ひたすらに坐禅をし　この世への執着は断ち切った
ああ
わが身はすでに消滅　生きながら死後の世界に住む

だいたいそういうところでしょうか。〝咦《いい》〟というのは、禅僧がよく使う間投詞・感動詞です。「ああ」でもいいし、「おお」でもよいでしょう。

承陽殿に眠る

それにしても、五十四年の生涯は短命ですね。愚痴を繰り返すことになりますが、もしも彼が釈迦と同じ八十歳まで生きていたら、彼の思想はどう変わったでしょうか……?

わたしの勝手な想像を語ります。たぶん道元は永平寺を下りて、京都の街に住んだと思います。そして、在家信者の教導に専念したでしょう。なぜなら釈迦の晩年が現役を引退して、ほとんど在家信者ばかりと接しておられるからです。前にも言いましたが、『マハーパリニッバーナ・スッタンタ』(この経典は、釈迦の入滅の前後を伝記的に描いたものです)を読んでみると、釈迦は出家者たちの指導は長老の弟子たちにまかせて、ご自分は在家信者を相手にしておられます。

たぶん出家者(もちろんフル・タイムの出家者ですよ)の指導は、相当にエネルギーのいる仕事です。全力で弟子とぶつからねばなりません。禅僧の場合でいえば、弟子を打擲《ちょうちゃく》せねばならないこともあります。

在家信者の場合だと、別段手抜きをするわけではありませんが、ゆったりと指導ができます。道元は大病を患った人間です。その病気が恢復しても、体力は衰えています。だから永平寺への現役復帰は無理です。永平寺は弟子の懐弉にまかせて(実際にそうなりました)、彼自身は在家信者の教導に専念したと思います。

それから『正法眼蔵』の執筆です。彼は、『正法眼蔵』全百巻の完成に力をいれたと思います。

でも、そうはなりませんでした。

道元は五十四歳で示寂しました。

返す返すも残念でなりません。

だが、そのような愚痴を言っていると、道元に叱られます。道元は、常に、

——即今《そっこん》・当処《とうしょ》・自己《じこ》——

を生きた人です。〝即今〟は「いま」、〝当処〟は「ここ」、そして〝自己〟は「わたし」です。いま・ここで・わたしが生きているのだ。生きているあいだは、いかなる状態にあろうと、いま・ここで・そのわたしをしっかりと生きるがよい。そして死ぬときは、その死をしっかりと死ねばよい。道元はそう言うでしょう。

わたしたちは道元の死を、そのまましっかりと受け止めましょう。

＊

なお、道元の遺骸は荼毘《だび》に付され、懐弉たちは遺骨を抱いて九月六日に京を発《た》ち、五日後の十日に永平寺に到着しました。そして、翌々日の九月十二日、道元の入涅槃の儀式が執り行われ、遺骨は永平寺の西北隅に安置されました。

現在、その場所にある堂舎は「承陽殿《じょうようでん》」と呼ばれています。

第8章

道元が教えてくれたこと

いま、目の前にある世界

わたしたちは、迷いと煩悩の世界である此岸《しがん》、こちら岸にいます。川（あるいは海でもいいです）を渡った向こう側、すなわち彼岸《ひがん》は悟りの世界です。そこで、川を渡って悟りの彼岸に到着せよ、というのが仏教のスローガンです。サンスクリット語で、それを、

――パーラミター（波羅蜜多、あるいは波羅蜜）――

といいます。この語は「完成すること」といった意味もありますが、一般には「パーラム（彼岸）＋イ（到る）＋ター（こと）」と解されています。

ともあれ、煩悩と迷いの世界を捨てて、悟りの彼岸に渡れ！というのが、仏教の基本になる考え方です。

ところが、このことは前にも述べましたが（七九ページ）、道元はこのような考え方をしません。なぜなら、彼は身心脱落していますから、彼岸に渡るべき自己そのものがないからです。と同時に、迷いの世界（此岸）も悟りの世界（彼岸）もなくなっています。

世界は、いま、目の前にある世界だけです。

あなたが病気であれば、その病気であるあなたしかいないのです。〈もしも病気が治ったら

……〉とあなたが考えても、そんなあなたはどこにもいないのです。あなたは病気の自分をしっかり生きるよりほかないのです。

貧乏人は、その貧乏をしっかりと生きる。劣等生は劣等生をしっかりと生きるのです。逆に金持ちは金持ちをしっかりと生き、優等生は優等生をしっかりと生きる。それだけのことです。既述のように、道元は〝現成《げんじょう》〟という言葉を使いますが、それは「いま、目の前に現われている世界」です。

此岸も彼岸もありません。迷いも悟りもありません。そして、過去も未来もないのです。ただ、目の前に現成している世界がすべてです。

列車に乗って、窓から外を眺めているようなものです。外の景色は時々刻々変化します。もう一度、あの景色を見たいと思っても、それは不可能です。逆に、まだやって来ない景色を見ることもできません。いま目の前にある風景だけがすべてです。それを道元は「現成」と呼んだのです。

＊

この最後の章では、われわれ現代人が道元から何を学ぶべきかについて考察しようと思います。すでに述べたことと重複する部分もあるでしょうが、その点はちょっと我慢をして付き合ってください。道元の考え方のユニークさを、できるかぎり伝えたいと思います。

分別智と無分別智

仏教では〝即（すなわち）〟といった言葉がよく使われます。道元も、

ただ生死すなはち涅槃とこゝろえて、生死としていとふべきもなく、涅槃としてねがふべきもなし。このときはじめて生死をはなるゝ分あり。（『正法眼蔵』「生死」）

［ただただ「生死」即「涅槃」だと心得て、「生死」であるからといってこれを忌避せず、「涅槃」を願ってはならない。そうしたとき、はじめて「生死」を離れる手立てができる］

と言っています。じつは道元は、〝生死〟を「迷い」の意味に、〝涅槃〟を「悟り」の意味に使っています。したがって道元は、

――「生死即涅槃」「迷即悟」「煩悩即菩提《ぼだい》」――

と言っているわけです。〝菩提〟とは「悟り」の意味です。

ここで問題は「即」なんです。七六ページでも触れていますが、よくあるまちがいは、「即」

を「イコール」の意味だと思ってしまうことです。そうすると「迷いがイコール悟り」になり、「迷いイコール悟り」「煩悩イコール悟り」になってしまいます。それは大まちがいです。「即」は「イコール」ではありません。迷いイコール悟りではありません。

では、「即」はどのような意味でしょうか？

わたしたちはもともと一つのものをわざわざ二つに分けて、そして「どちらが……」と考える癖があります。これは癖というよりも、人間の習性、性質かもしれません。仏教では、人間がこのような考え方をすることを、

――分別智《ふんべつち》――

と呼んでいます。日常言語だと分別のあることはいいことです。しかし仏教では、そのような分別智ばかりを発揮していてはいけない。もともと一つのものは、一つのものとして扱え！というのが「即」です。

頓智の一休さんに、こんな話があります。

あるとき彼は、「坊や、お父さんとお母さんのどちらが大事だと思う？」と問われました。そのとき、一休さんは煎餅を手にしていたのですが、それを二つに割って、

「おじさん、このお煎餅《せんべい》、右と左とどちらがおいしい？」

と尋ねました。もともと同じ一つの煎餅です。それを二つに分けて、「どちらが……？」と

訊くことがおかしいのです。

同様に、両親は一つです。それを父と母に分別して、「どちらが……？」と尋ねることがおかしいのです。

だから仏教は、分別智を嫌います。

分別智ではなく、無分別智（分ける必要のないものを、わざわざ分けないで一つのものとして見る智慧）を大事にするのです。それが「即」という意味なんです。

迷いも悟りもない

それ故、道元は、

――生死（迷い）即涅槃（悟り）――

と言うのです。迷いも悟りも一つのものなんです。それを、わざわざこれは迷い、これは悟りと分別して考える愚を、彼は叱っています。

その点は、『正法眼蔵』の総論ともいうべき「現成公案」の巻の冒頭で、道元は次のように言っています。

諸法の仏法なる時節、すなはち迷悟あり、修行あり、生《しよう》あり、死あり、諸仏あり、衆生あり。

万法《まんぼう》ともにわれにあらざる時節、まどひなくさとりなく、諸仏なく衆生なく、生なく滅なし。

［われわれが仏教を学ぼうとして現実世界に対するなら、そのときそこには迷いと悟りがあり、生があり死があり、悟りを開いた仏がいて迷える衆生がいる。ところが、わたしがこのちっぽけな自分に対する執着、つまり自我意識を忘れてしまったとき、この世界には迷いも悟りもなく、悟った仏もなく迷える衆生もなく、生もなく死もない］

前段は、分別智による仏教へのアプローチです。分別智によれば、迷いと悟りが二分されているわけです。

しかし、後段になると、身心脱落していますから、分別智である自我意識がなくなっています。そこには迷いもなく悟りもなく、仏も衆生もないのです。

このあと、道元は次のように展開しています。

自己をはこびて万法を修証《しゆしよう》するを迷《まよい》とす、万法すゝみて自己を修証するはさとりなり。迷を大悟するは諸仏なり、悟に大迷《だいめい》なるは衆生なり。さらに悟上に得悟する漢あり、迷中又迷《いうめい》の漢あり。

［自分のほうから悟りの世界に近づいて行こうとするのは迷いであり、悟りのほうから自分を目覚めさせてくれるのが悟りである。迷いの中でしっかりと大悟できるのが悟った人間で、悟りの中で迷っているのが凡夫である。悟った上でなおかつ悟りを深める人もいれば、迷いの中でなおも迷いを深める者もいる］

わたしたちが分別智で考えると、どうしても「迷い」と「悟り」を分別し、別のものだと考えてしまいます。そうすると、迷いをなくして悟りを開かねばならないと思ってしまうのです。しかし、道元によると、「迷い・即・悟り」なんです。わたしたちは迷いの中で悟り、悟りの中で迷っているのです。そのことを彼は、あちこちで繰り返しています。

こしかたのおもひもさながら悟りにてありけるを、そのをりは、さかさまにせんとしけるゆゑに、ちからのなきとは、おもひもいひもするなり。……まどひはなきものぞとも知るべし、さとりはなきことぞとも知るべし。(『正法眼蔵』「唯仏与仏《ゆいぶつよぶつ》」)

[悟る以前の思いもそのまま悟りであったにもかかわらず、そのときは、悟りを迷いと思い誤って、悟りを逆に迷いにしようとしていたがために、あれこれの思いが役に立たぬと思ったり、言ったりしていたのである。……迷いはないと知るべきだ。同時に悟りもないと知るべきである]

ともかく、迷いも悟りもないのです。それが無分別智による世界認識です。

すべてが仏性

もう一つ、『正法眼蔵』「仏性」の巻で、道元はわれわれをびっくりさせるようなことを言っています。

「仏性」というのは、文字通りに「仏の性質」、あるいは「仏になる可能性」です。そして『涅槃経《ねはんぎょう》』という大乗経典は、

《一切衆生《いっさいしゅじょう》、悉有仏性《しつうぶっしょう》》

――いっさいの衆生がことごとく仏性を有している――

と言っています。〝衆生〟というのは、人間だけではなしに、あらゆる生きものを含みます。したがって、犬や猫、蟻やゴキブリまで含まれるのです。そうすると、「蟻にある仏性なんて、ほんのちっぽけなものなんでしょう」といった問いがなされます。あるとき、わたしに、

「えっ?!　何人も人を殺したような殺人犯人にも、仏性があるんですか?!」

と言った人がいました。あらゆる人間に仏性があるだなんて、認めたくない人が多いようです。要するにそれはタテマエにすぎないと思っているようです。

それから、人は、仏性の、

――濃度――

といったものを考えます。ある人の仏性は濃い濃度であり、別の人の仏性は薄い濃度である、といったふうに、どうしても差別化したいのです。そして、努力・修行によって仏性の濃度を高めることができる、と考えてしまいます。

その結果、人は、仏性というものを種子《たね》のようなものだと考えるのです。すべての人は仏性という種子を持っており、それをうまく育てて美しい花を咲かせるようにしなければならない。そんな理論を考えだすのです。

じつは、この理論は、それほどまちがってはいません。仏性の理論を説いた大乗経典に、先程あげた『涅槃経』のほか、『勝鬘経《しょうまんぎょう》』や『如来蔵経《にょらいぞうきょう》』がありますが、それらの経典を読むと、仏性を種子的に捉えていると思われる譬喩があります。そうすると、それをうまく育てて大輪の花を咲かせるといった考えになります。あんがいこれが俗受けする理論のようです。

しかし道元は、そのような考え方に反対します。

ある一類おもはく、仏性は草木《そうもく》の種子《しゅうじ》のごとし。法雨のうるひしきりにうるほすとき、芽茎《げきょう》生長《しょうちょう》し、枝葉《しよう》花菓《けか》もすことあり。果実さらに種子をはらめり。かくのごとく見解《けんげ》する、凡夫《ぼんぶ》の情量なり。たとひかくのごとく見解すとも、種子および花果、ともに条々《じょうじょう》の赤《せき》心《しん》なりと参究すべし。果裏に種子あり、種子みえざれども根茎《こんきょう》等を生ず。あつめざれどもそこばくの枝条大囲《だいい》となれる、内外《ないげ》の論にあらず、古今の時に不空《ふくう》なり。しかあれば、たとひ凡夫の見解に一任すとも、根茎枝葉みな同生《どうしょう》し同死し、同悉有なる仏性なるべし。

（『正法眼蔵』「仏性」）

［一部の人々は思っているようだ、仏性は草木の種子のようなものだ、と。仏法の雨によって潤《うるお》されるとき、種子から芽が出て茎が伸び、枝葉が茂り花が咲き果実が生《な》る。その果実か

らさらに種子が出来る。このように考えるのは凡夫の浅知恵だ。たとえこのように考えたとしても、種子と花と果実の、その一つ一つが絶対の真実だと考え究めるべきだ。果実の中に種子があり、その種子の中に、目には見えないが根や茎等があって生じてくる。別段、外部から集めてこないでも、それなりの枝ぶりとなり、大きさとなる。これは、内から出た、外から加わったといった問題ではない。古今にわたって空しからざる真実である。だからこそ、かりに凡夫の見方に従うにしても、根・茎・枝・葉が同時に生じ、同時に滅し、すべてが同じ悉有であり、同じ仏性であると知らねばならない」

仏性が種子だとすれば、種子は花を咲かせるために存在します。花とは悟りです。そうすると、途中で枯れてしまって花を咲かせることのできなかった植物はだめだ、価値がないことになります。そういう見方に道元は異議を唱えているのです。

かりに仏性を種子だと考えるにしても(かりに凡夫の見方に従ったとしても)、われわれは種子・根・茎・枝・葉・花のそれぞれが仏性だとみるべきです。それぞれが仏性だといえば、われわれは植木を部分部分に分けているかのように聞こえますが、そうではなくてその植物が現在ある状態の全体が仏性なんです。道元は、そういう見方をわれわれに教えてくれています。

いいですか、いま述べたことを「人生」に置き換えてください。人生にはいろんな局面があります。苦しいとき／楽しいとき、貧しいとき／リッチなとき、若いとき／老年のとき……、そのいずれもが仏性なんです。だから迷えるときも仏性、悟りのときも仏性です。道元はそのように考えているのです。

仏性の中で苦しみ、悩む

そこで道元は、先の『涅槃経』の、

《一切衆生、悉有仏性》

の読み方を変えます。彼はこれを、

――一切ハ衆生ナリ。悉有ハ仏性ナリ――

と読むのです。もちろん、漢文においてはこのような読み方はできません。これは道元の主張だと思ってください。

まず《一切衆生》ですが、これを「一切の衆生」と普通に読んだのでは、「すべての生きもの」になってしまいます。なぜなら〝衆生〟とは、前にも言ったように「生きとし生けるもの」の意味だからです。しかし道元は、そこに山川草木までも含めたかった。だから彼は、「全世界、全宇宙が衆生である」と主張したのです。道元は漢文もまともに読めないのか、と、罵倒を浴びせた学者もいました。そうではありません。彼は自分の主張を貫くために、あえてそういう読み方をしたのです。

もっと変わった読み方は、《悉有仏性》です。〝悉有〟は、「悉《ことごと》く有している」といった副詞+動詞です。ところが彼は、これを名詞にしてしまいました。そして「ことごとくの存在」つまり「全世界」「全宇宙」の意味にした。そうすると《悉有仏性》は、「悉有ハ仏性ナリ」になります。この全世界が仏性である。それが道元の主張です。

なぜ、そんな読み方をせねばならないのでしょうか?

「あらゆる衆生がことごとく仏性を有している」といえば(実際に『涅槃経』がそう言っているのですが)、すでに述べたように、それに楯突《たてつ》いて仏性を有していない衆生もいるはずだ、といった反論が出てきます。現に法相宗では、そのような主張がなされています。あるいは仏性の濃度といったものを問題にする人もいるでしょう。

そこで道元は、この世界、この宇宙をまるごと仏性にしてしまったのです。

そうするとわれわれは、仏性の中で生まれ、そして死ぬのです。仏性の中で苦しみ、楽しみ、悩み、喜んでいるのです。

迷っているのも仏性の中でだし、悟るのも仏性の中です。

病気になれば病気が仏性、死ぬときは死ぬのが仏性です。人間のそのときそのときのあり方がそのまま仏性なんです。

だからあなたが落ち込んでいれば、そのまま落ち込んでいればいい。苦しいときはそのまま苦しめばよい。悩むときは悩めばいい。それが道元の言いたかったことだと思います。

ブッダ・ダートゥ

もう少しコメントしておきます。

先程わたしは、道元は漢文のおかしな読み方をしたと述べましたが、サンスクリット語からすれば、あんがい道元の解釈が正しいようです。

〝仏性〟をサンスクリット語では〝ブッダ・ダートゥ〟といいます。そして〝ダートゥ〟は、「置く場所・基盤」の意味です。そうすると「界」の意味に近いわけです。道元はサンスクリット語を知らなかったと思いますが、哲学することによって、彼は仏典を正確に読めたのではなかったでしょうか。

それから、古来、教義上からすれば、この〝ダートゥ〟に〝ゴートラ〟と〝ガルバ〟の意味があるとされています。

〝ゴートラ〟というのは、「家柄」といった意味です。仏の家系に生まれた者は、みんな共通して仏の子であり、仏の性質を持っているというのです。ただし、これは父系原理にもとづいています。

昔、孔子（前五五一―前四七九ごろ）の故郷である中国の曲阜《きょくふ》を旅したとき、人々に姓を尋ねたところ、男性も女性も、みんなが、

「わたしは孔です」

と答えたのには驚きました。中国では結婚しても姓は変わらないので、そういうことになるわけです。現在、日本の皇室でも、女性天皇と女系天皇の問題が論議されていますが、安部さんと結婚した女性天皇の子どもは安部姓になり、小泉さんと結婚した女性の天皇の子どもは小泉姓になるわけですから、その安部さん、小泉さんは次の天皇にはなれません。日本の天皇はゴートラの原理によって維持されているからです。そこのところが女性天皇と女系天皇の違いです。

まあ、ともあれ、ブッダ・ゴートラというのは、仏の家系に生まれた男女は、すべて仏子であり、仏の性質を持っているという考え方です。それが仏性なんです。

一方、ブッダ・ガルバは女系原理といってよいでしょう。〝ガルバ〟はもともと「子宮」の意味であり、われわれは仏の胎内に宿った胎児だというのです。だから将来、成長して仏の子どもになるという考え方。

いずれにしても、仏の家柄に生まれたか、仏の胎内に宿ったかの違いはありますが、「仏の世界」であることにまちがいはありません。だとすると道元が、仏性を「仏の世界」と考えたことはなかなか正鵠《せいこく》を射ています。わたしは道元に感嘆しています。

「作仏」ではなく「行仏」

この章の最初に戻りましょう。

仏教はだいたいにおいて、わたしたちに、

「悟りの彼岸に渡れ！　渡れ！」

「煩悩を捨てて、悟りを開け！」

と教えています。仏教というものは、仏の教えであると同時に、その仏の教えを学んで仏の方向に向かって歩くための教えなんです。

ここで仏教は、世界を二つに分けています。

――此岸 vs. 彼岸、煩悩の世界 vs. 悟りの世界、迷いの世界 vs. 悟りの世界――

といった図式です。あるいは「地獄 vs. 極楽」といってもよいでしょう。

ところが道元は、世界を一つと見ています。

道元によれば、迷いも悟りもありません。迷いと悟りは「即」で結ばれていて、「生死（迷い）・即・涅槃（悟り）」なんです。いわば一枚コインの裏表にすぎないのです。わたしたちは迷いの中で悟り、悟りの中で迷っているのです。

第2章の終わりにも引用しました（五五ページ）が、道元はそのことを、

作仏《さぶつ》をもとめざる行仏《ぎょうぶつ》（『正法眼蔵』「坐禅箴《ざぜんしん》」）

と言っています。仏になること（作仏）を考えないで、ただ仏らしく生きればよい（行仏）というのです。

だいぶ昔の話ですが、インド旅行のとき、ガイド（そのガイドは、大学でサンスクリット語を学んだという、なかなかインテリのガイドでした）から、

「ミスターひろ、仏教ではブッダになることを目指して修行しますが、いったい何年ぐらい修行すれば、仏になることができますか？」

と問われました。わたしは簡単に、「最低でも五十六億七千万年はかかる」と答えました。するとそのインド人は、

「ところがね、ミスターひろ、わたしは毎朝ブッダになるのですよ」

と言います。わたしは、むっとして、

「きみね、そういうのを思い上がりというんだよ」

と応じました。

しかし、そのあと帰国の飛行機の中で、インド人ガイドがすばらしいジョークを言ったことに気がつきました。サンスクリット語の〝ブッダ〟は、原義は「目が覚める」という意味です。その語を「目覚めた人」「覚者」「仏陀」「仏」の意味に使っています。インド人が「毎朝、ブッダになる」と言ったのは、「毎朝、目が覚める」と、「毎朝、仏になる」をうまく引っ掛けてジョークにしたのです。

それに気がつくと、わたしはこう考えました。「仏教」は「仏の教え」であると同時に「仏になるための教え」だと思っていたが、もう一つ「仏をまねて生きる教え」ではないのか、と。毎朝、目が覚めたとき、わたしたちはブッダになっています。そしてその日、わたしたちはブッダのまねをして生きればよい。もちろん、ほとんどの場合、われわれは失敗するでしょうが、翌日、またブッダのまねをすればよいのです。

ところで、〝まね〟という言葉に対して、わたしたちはあまりいい印象を持っていません。世間では「猿まねはよくない」と言って、まねることを軽蔑します。しかし、『岩波 古語辞典』には、

《まなび（学び）……マネ（真似）と同根。……教えられる通りまねて、習得する意。類義語ナラヒは、繰り返し練習することによって身につける意。……》

とありました。つまり、「まねる」ことは「学ぶ」ことなんですね。わたしたちは仏になろう（作仏）とするのではなく、ただ仏をまねて（行仏）いればいいのです。それが道元の主張だと思います。

道元のユニークさ

▼本書の冒頭において、読者を代表するかたちでひろさんに質問させていただきました。その後はずっと聞き役にまわっていたのですが、最後にまとめのかたちでひろさんに質問させていただきたいと思います。

考えてみれば、宗教というものは世界を二つに分けているのではないでしょうか。「神の世界 vs. 人間の世界」「聖なる世界 vs. 俗なる世界」「彼岸 vs. 此岸」といったふうに。ところが道元は、「悟りの世界 vs. 迷いの世界」といった図式をとらず、「迷い・即・悟り」にしてしまった。つまり世界を一つにしてしまったわけです。それは、ひろさんが最

初に、「道元は哲学者であった」と言われたことに関係しますか？

なるほど、なるほど。なかなか鋭い質問ですね。わたしはそこまで考えてはいませんでしたが、言われてみるとその通りですね。まったく同感です。

哲学とは何か？　このことは第1章にも書きましたが、わたしは大学において、哲学とは、

――無前提の学問――

だと教わりました。いっさいの前提・仮説を排し、ただ人間の理性だけでもって宇宙の真理を究明するのが哲学です。

たとえば、「人を殺してなぜ悪いか？」と問われて、「そんなの、常識で考えれば分かるだろう」と答えるのは、哲学ではありません。戦争で敵兵を殺してもよいし、日本においては死刑（という国家による殺人）も公認されています。そのような常識や法律を前提とせず、「いかなる状況にあっても、人を殺すことはよくないことだ」といった結論を導き出すのが哲学です。もちろん、逆の結論（人を殺してよい）を導き出してもいいのです。

ところが、宗教というのは、キリスト教・ユダヤ教・イスラム教においては、

――絶対者である神（ゴッド・ヤーウェ・アッラー）の存在――

を認めています。ということは、神の存在を前提にしています。

また、仏教においては、「悟りの世界」を前提とし、悟りを開いた存在者である「仏」「仏陀」「ブッダ」「如来」の存在を認めています。

けれども、道元は、

万法ともにわれにあらざる時節、まどひなくさとりなく、諸仏なく衆生なく、生なく滅なし。(『正法眼蔵』「現成公案」)

[ところが、わたしがこのちっぽけな自分、自我意識を忘れてしまったとき、この世界には迷いも悟りもなく、悟った仏もなく迷える衆生もなく、生もなく死もない」

と言っていますから、彼は「悟り」を前提にしていないわけです。そういうところが、道元が普通の仏教者でなかった点であり、道元のユニークさであり、彼が哲学者であった所以《ゆえん》だと思います。

苦しむときは苦しめばいい

▼どうもありがとうございました。これで少し道元が分かったように思います。

そうですか、それはよかったですね。

わたしたちは誰もが、いま、目の前にある現実——道元によると、それが「現成」です——の中で、悩み・苦しんでいるのです。仏教学者のうちには、その悩み・苦しみを克服できる、と説く人もいますが、それは嘘です。もし苦しみがなくなった人がいれば、釈迦世尊が、

——すべては苦である——

と言われたことが虚言になってしまいます。いかにしても苦しみは消滅しないのです。だとすれば、わたしたちは現成において悩み、苦しむよりほかないのです。それが分かってしっかりと苦しむこと。苦しみを軽減させようとすれば、よけいに苦しくなります。

——苦しまねばならぬときは、しっかりと苦しめばよい——

——悩むときは悩めばよい——

——迷うときは迷えばよい——

——悲しいときは、しっかりと悲しめばよい——

道元はそう教えてくれました。わたしはそのように思います。

道元略年譜

年次	西暦	年齢	行実	参考事項
正治 二	一二〇〇	一	京都に生まれる。	北条政子、鎌倉に寿福寺を創建し、栄西を開山に迎える。
建仁 二	一二〇二	三	父、久我道親死去する（父を久我道具とする説もある）。	栄西、建仁寺の開山に迎えられる。円爾生まれる。
元久 元	一二〇四	五		法然、『七箇条起請文』を定める。
元久 二	一二〇五	六		興福寺、専修念仏禁止を訴える『興福寺奏上』を朝廷に提出する。
承元 元	一二〇七	八	母、伊子（藤原基房の娘）死去する。	専修念仏停止の命が下され、法然は土佐国へ、親鸞は越後国へ流罪となる。寂円生まれる。

建暦二	一二一二	十三	比叡山に良観（母伊子の弟）を訪ねる。	法然死去する。
建暦三	一二一三	十四	天台座主公円について剃髪し、得度する。	蘭渓道隆生まれる。
建保二	一二一四	十五	比叡山を下りる。	
建保三	一二一五	十六		栄西死去する。
建保四	一二一六	十七	三井寺（園城寺）の公胤に疑問をただす。	
建保五	一二一七	十八	建仁寺に入り、明全に師事する。	親鸞、『教行信証』の執筆を始める。
承久元	一二一九	二十		徹通義介（永平寺三世）生まれる。

貞応 二（南宋・嘉定十六）	一二二三	二十四	明全とともに入宋の途に就く。天童山景徳寺に掛錫し、無際了派に相見する。	
貞応 三（元仁元）（南宋・嘉定十七）	一二二四	二十五	諸山遊歴の旅に出る。	無際了派死去する。如浄、天童山の住持となる。
嘉禄 元（南宋・宝慶元）	一二二五	二十六	天童山へ戻り、如浄に相見する。夏安居において「身心脱落」を体験する。	明全、天童山において死去する。
嘉禄 三（安貞元）（南宋・宝慶三）	一二二七	二十八	天童山を辞したのち明州を出帆し帰国、京都建仁寺に入る。『普勧坐禅儀』を著す。	如浄死去する。久我通具死去する。
寛喜 元	一二二九	三十		懐奘、建仁寺において道元に相見する。鎌倉大地震起こる。

寛喜 二	一二三〇	三十一	建仁寺を出て、洛南深草の安養院に仮寓する。	藤原基房死去する。
寛喜 三	一二三一	三十二	『弁道話』を著す。	諸国大飢饉、餓死者多数出る。
天福 元	一二三三	三十四	深草に観音導利興聖宝林寺（興聖寺）を開く。『正法眼蔵』「摩訶般若波羅蜜」を示衆する。『正法眼蔵』「現成公案」を著す。	
嘉禎 元	一二三五	三十六	真字本『正法眼蔵』（三百則）を著す。	公円死去する。親鸞、常陸国から京都に帰る。
嘉禎 三	一二三七	三十八	『典座教訓』を著す。	日蓮、出家する。
仁治 元	一二四〇	四十一	『正法眼蔵』「山水経」を示衆する。	
仁治 二	一二四一	四十二	『正法眼蔵』「仏性」を示衆する。	

仁治　三	一二四二	四十三	『正法眼蔵』「坐禅箴」を著す。如浄の語録が宋から届き、「天童和尚語録到」の上堂を行う。	
仁治　四（寛元元）	一二四三	四十四	『正法眼蔵』「菩提薩埵四摂法」を著す。比叡山の衆徒、興聖寺を破却する。興聖寺を離れ、越前国に向かう。	九条道家、東福寺を創建し、円爾（聖一国師）を開山に迎える。
寛元　二	一二四四	四十五	越前国志比の庄に大仏寺を開創する。	
寛元　四	一二四六	四十七	大仏寺を永平寺と改める。	北条時頼、執権となる。蘭渓道隆、来日する。
寛元　五（宝治元）	一二四七	四十八	執権北条時頼の招請を受けて鎌倉へ下向する。	
宝治　二	一二四八	四十九	鎌倉から永平寺に帰山する。	

宝治 三（建長元）	一二四九	五十	『吉祥山永平寺衆寮箴規』を著す。「今後は永平寺を離れない」との誓いを立てる。	北条時頼、鎌倉に建長寺の創建を開始する。
建長 四	一二五二	五十三	夏安居のころ発病する。	一遍、念仏の門に入る。
建長 五	一二五三	五十四	『正法眼蔵』「八大人覚」を著す。永平寺の住持職を懐弉に譲る。波多野義重の進言により、懐弉・寂円らを伴い療養のため京都に向かう。京都にて死去する。	日蓮、立教開宗を宣言する。建長寺が落成し、蘭渓道隆が開山に迎えられる。

ひろ　さちや

一九三六年（昭和十一年）、大阪市に生まれる。東京大学文学部印度哲学科卒業、東京大学大学院人文科学研究科印度哲学専攻博士課程修了。一九六五年から二十年間、気象大学校教授をつとめる。退職後、仏教をはじめとする宗教の解説書から、仏教的な生き方を綴るエッセイまで幅広く執筆するとともに、全国各地で講演活動を行っている。厖大かつ多様で難解な仏教の教えを、逆説やユーモアを駆使して表現される筆致や語り口は、年齢・性別を超えて好評を博している。

おもな著書に、『仏教の歴史（全十巻）』『釈迦』『仏陀』『大乗仏教の真実』『ひろさちやのいきいき人生（全五巻）』（以上春秋社）、『観音経　奇蹟の経典』（大蔵出版）、『お念仏とは何か』『禅がわかる本』（以上新潮選書）、『生き方、ちょっと変えてみよう』『のんびり、ゆったり、ほどほどに』『インド仏教思想史（上下巻）』『〈法華経〉の世界』『『法華経』日本語訳』『〈法華経〉の真実』（以上佼成出版社）などがある。

道元を生きる

2021年9月30日　初版第1刷発行

著　者　ひろさちや

発行者　中沢純一

発行所　株式会社佼成出版社

〒166-8535　東京都杉並区和田2-7-1
電話　(03) 5385-2317（編集）
　　　(03) 5385-2323（販売）
URL　https://kosei-shuppan.co.jp/

印刷所　錦明印刷株式会社

製本所　株式会社若林製本工場

ISBN978-4-333-02854-2　C0015　NDC188/216P/19cm